乡村纪事

严海蓉 高明 丁玲 著

中信出版集团 | 北京

图书在版编目（CIP）数据

乡村纪事 / 严海蓉，高明，丁玲著 . -- 北京：中信出版社，2024.10（2024.12重印）. -- ISBN 978-7-5217-6416-1

I. F320.3

中国国家版本馆 CIP 数据核字第 20247ZD851 号

乡村纪事
著者：　　严海蓉　高明　丁玲
出版发行：中信出版集团股份有限公司
　　　　　（北京市朝阳区东三环北路 27 号嘉铭中心　邮编　100020）
承印者：　北京盛通印刷股份有限公司

开本：880mm×1230mm 1/32　印张：9.75
彩页：8　　　　　　　　　　字数：167 千字
版次：2024 年 10 月第 1 版　　印次：2024 年 12 月第 2 次印刷
书号：ISBN 978-7-5217-6416-1
定价：69.00 元

版权所有·侵权必究
如有印刷、装订问题，本公司负责调换。
服务热线：400-600-8099
投稿邮箱：author@citicpub.com

共同创作者

蔡聪颖　陈义嫒　郭　琳　何宇飞
黄　瑜　林芳菲　戚莉霞　王怡菲
徐思远　余慧芳　战　洋　郑依菁

（按姓氏拼音首字母排序）

图 1-1 访问塘约村民鲁大爷(中间为本书作者之一严海蓉)

图 1-2 石头寨 1999 年修路的功德碑

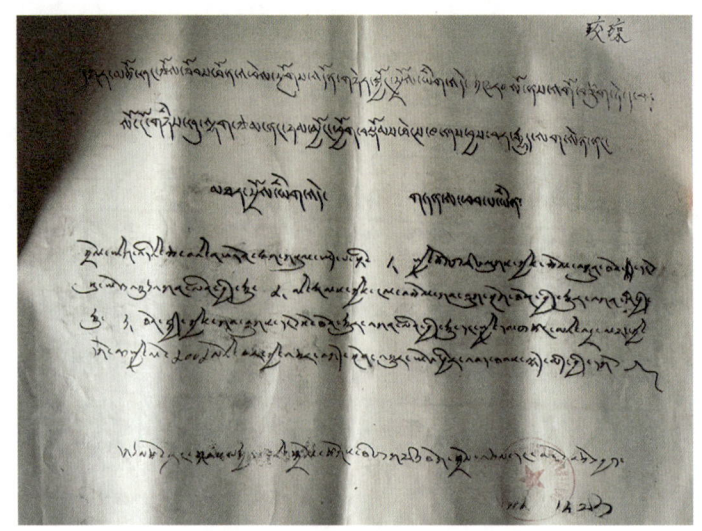

图 2-1 嘎措乡《工分细则条例》

图 2-2 嘎措乡年底的分红仪式

图 2-3 拿到分红的嘎措牧民

图 2-4 嘎措牧民正在登记分红信息

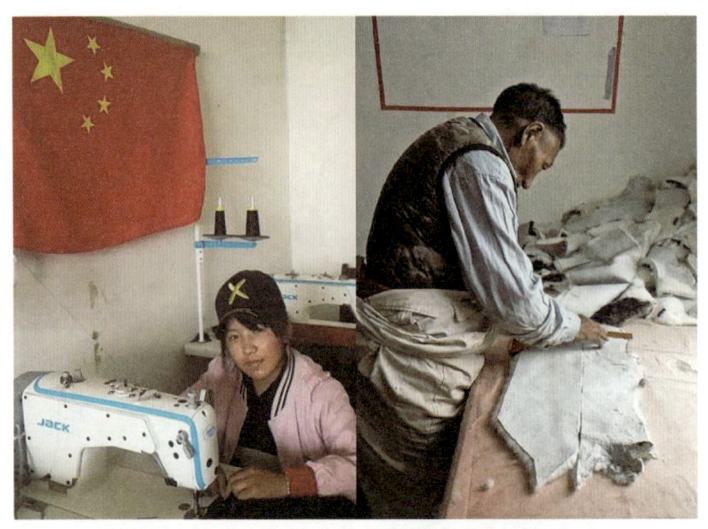

图 2-5 嘎措乡人民公社的皮毛加工作坊

图 2-6 嘎措生产的雪地靴

图 2-7　嘎措乡乡政府及一村所在地

图 2-8　嘎措的牧民正在放牧

图 2-9　牧民与牛犊

图 2-10　嘎措乡丰富的集体文化活动

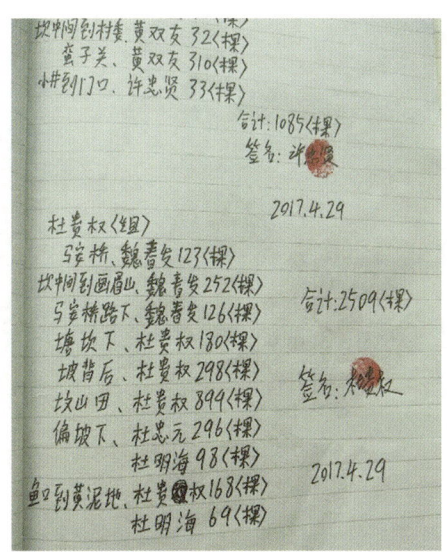

图 3-1　刘大成记录的各组承包管理金刺梨株数

图 3-2　大坝村村民管理金刺梨树

图 4-1　土古洞村老村一隅

图 4-2　土古洞村党群服务中心

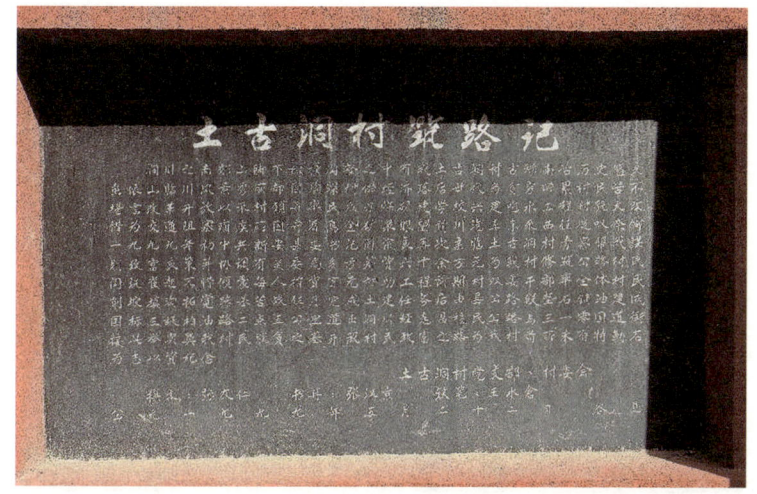

图 4-3　在土古洞村村庄入口处树立的纪念修路的石碑

图 4-4　土古洞村饮品厂的正门

图 5-1 箐口村村委会展示的奖状

图 5-2 新岐村村貌

图 5-3　新岐村林业

图 5-4　新岐村农家乐

图 6-1 新兴村新兴屯的村貌

图 6-2 新兴村方田化改造后的农田

图 6-3　新兴村合作社的试验田

图 6-4　催芽车间

图 6-5　新兴村合作社的收割机

图 6-6　新兴村合作社的拖拉机

图 6-7 新兴村老年协会

图 6-8 新兴村老年人打门球

目录

序　言　"星星之火，可以燎原"　　　　　　　　Ⅴ
导　言　新型集体化实践　　　　　　　　　　　001

第一章
塘约实践：靠外部资源还是靠内生力量？

第一节　塘约村内生性的底蕴　　　　　　　　　026
第二节　合作社的起步是偶然还是必然？　　　　035
第三节　金土地合作社的组织与管理　　　　　　047
第四节　塘约村的组织领导与民主管理　　　　　056
第五节　红白理事会　　　　　　　　　　　　　067
第六节　外援的作用：塘约的建设和产业项目　　076

第二章
嘎措乡：雪域高原上的人民公社

第一节	走进藏北"无人区"	087
第二节	白玛书记与嘎措人民公社的前世今生	089
第三节	高原上的牧业集体经济	092
第四节	集体经济是"大锅饭，养懒汉"吗？	094
第五节	一个没有"三座大山"的世外桃源	101
第六节	好干部重要，还是好制度重要？	111
第七节	未来的挑战	120

第三章
"山沟里的华西村"——大坝村集体经济的发展

第一节	初识大坝村	123
第二节	分田到户的大坝村	125
第三节	走向合作：在带动下起步，在波折中坚持	127
第四节	第一产业规划：合作与变通	132
第五节	劳动管理如何兼顾公平与效率？	137
第六节	第二产业和第三产业规划：酒厂和乡村旅游	143
第七节	合作社招工和"全民就业"	149

第八节　可能的挑战　　　　　　　　　　　　153

第四章
土古洞村的集体经济之路

第一节　起步：听民意多方集资　为民生义务出工　　156
第二节　调地：抓住调地契机　发展集体经济　　　　158
第三节　转型：第二产业功成身退　第三产业方兴未艾　163
第四节　分析：引资承包　合伙经营　　　　　　　　171
第五节　优势：人气村庄　安居乐业　　　　　　　　176
第六节　精神：党群协力　培育集体精神　　　　　　181
第七节　讨论：党、群、业、源之间的关系　　　　　188

第五章
彩云之南的新集体经济：为什么说自力更生是基础？

第一节　保住集体林权，设立分级管理　　　　　　　193
第二节　再造"新集体"：初代村领导争来"三桶金"　198
第三节　没有自力更生做基础，项目再多走的也是歧路　204
第四节　总结与反思：是"为民做主"却非"当家作主"　209

第六章

新兴村：鲜花盛开的朝鲜族村庄

第一节　虎峰岭下的朝鲜族村　214

第二节　金正浩书记的初心与合作社的成立　219

第三节　合作社的利润与分配　225

第四节　统分结合，协助社员生产　227

第五节　从读书组到老年协会　235

第六节　合作社能否平稳发展？　236

第七章

市场导向的合作经济与生态农业：发展与困局

第一节　村庄概况　243

第二节　合作社的建立：能人主导与低度动员　245

第三节　"合作经济"困局　254

第四节　生态农业的探索与瓶颈　263

序　言
"星星之火，可以燎原"

严海蓉、高明、丁玲等同志的著作《乡村纪事》全景展示了新世纪以来坚持发展农村集体经济的7个优秀村庄。本书作者团队热爱农民、了解农村，又有着广阔的国际视野和深厚的理论积淀。这本书让人身临其境、格外亲切，因为这是作者们通过身沾泥土、脚踏大地的实地调研写出来的，说的是农民的心声，既有温柔的笔触，又有深邃的思考，给读者以"沉浸式"体验。7个村庄的实践，体现了发展新型集体经济的普遍规律，揭示了新时代发展壮大新型集体经济是乡村振兴的必由之路，让人看到了"星星之火、可以燎原"的光明前景。蒙作者垂爱，嘱托作序，我倍感荣幸。

在我们祖国的辽阔疆域上，有3万多个乡镇，69万多个行政村。自20世纪70年代末以来，绝大部分村庄实行了包产到户，建立了统分结合的双层经营体制。在这个过程中，有两类村庄引起了人们的注意。

第一类，是在农村改革的热潮中，有些集体经济基础比较扎实的村庄，没有实行包产到户，而是继续实行集体统一经营。其中最知名的有河北周家庄乡、河南南街村、江苏华西村等。这些村庄坚持集体经营，开"顶风船"，最初显得不合时宜，一些干部还因此承受了很大压力。但是随着时间流逝，人们发现，这些村大部分成了当地的富裕村。如何评价这些村庄？长期以来都没有明确的答案。直到2021年，经党中央批准，中央宣传部组织，中央党史和文献研究院等单位编写的《中国共产党简史》出版，对此给予了肯定的评价，指出"他们的做法也是符合中央'宜统则统、宜分则分'精神的"。[①]这类村庄，是延续历史没有中断的集体经济的"星星之火"，其中就包括本书中所写的西藏自治区双湖县嘎措乡，这个乡至今保留着人民公社制度。嘎措乡平均海拔超过4900米，自然环境恶劣，但人均收入远高于西藏自治区各地级行政区农村居民平均水平，在养老保障、医疗服务、社会治理等方面，也处于领先地位，是雪域高原上的"红色明珠"。

第二类，是除了嘎措乡这样没有中断集体统一经营的乡村之外，更加普遍的情况，即自20世纪90年代初开始，面对"包产到户"之后农村出现的新情况、新矛盾，全国出现了许

---

① 《中国共产党简史》编写组.中国共产党简史[M].北京：人民出版社，2021：233.

多重新加强集体经济探索的村庄。1991年11月，十三届八中全会提出"逐步壮大集体经济的实力，引导农民走共同富裕的道路"①。切不可偏离这一深化农村改革的重点和总方向。20世纪90年代以来，各地围绕壮大农村集体经济的探索不断涌现。

本书中写到的塘约村（贵州）、大坝村（贵州）、土古洞村（河南）、新歧村（云南）、新兴村（黑龙江），一个共同点是集体经济一度被削弱，又都在进入新世纪之后，不约而同重新走上发展壮大集体经济的道路。从中原大省到东北和西南边疆，这几个村的自然地理、产业基础各不相同，但它们共同的经验证明，在巩固完善统分结合的双层经营体制的基础上，重拾组织起来走共同富裕道路的初心，农村集体经济是完全应该办好、完全能够办好的。像嘎措乡一样始终没有放弃集体经济的村庄毕竟是极少数，多少有各自的特殊性；而像第二类这样经过"否定之否定"螺旋上升的村庄，其发展集体经济的经验，对全国所有村庄来说都是可复制、可推广的，让人看到了"星星之火，可以燎原"的光明前景。这些村庄的党员和群众是有历史主动性的，向他们致敬！

"星星之火，可以燎原"，是因为发展农村集体经济符合农业发展的一般规律。我国农村实行土地集体所有制，统分结合的双层经营体制，既不同于苏联的土地国有制，又不同于资本

---

① 中国共产党第十三届中央委员会第八次全体会议公报［EB/OL］.（2008-07-04）［2024-09-22］.https://www.gov.cn/test/2008-07/04/content_1035745.htm.

主义土地私有制，也不同于资本主义国家私有制基础上自发的合作制，在世界上是具有相当的独特性的。因此经常有人认为，中国农村的经营体制是不符合一般规律和国际潮流的，总要用这样那样的模式来改造和解构之。但中国式现代化的实践不断证明，西方式现代化是少数人、少数国家的现代化，其经验并未为世界上数十亿人口所在的发展中国家所验证，怎么能说是全人类的普遍规律呢？中国的实践不断突破着被西方定义的标准、规则，发展农村集体经济也是这个历史潮流的一部分。本书作者在导论中的分析证明，发展农村集体经济，既能够发挥统一经营的优势，提高规模效益，又能够避免资本主导农业的掠夺式发展，兼顾经济、社会、文化、生态的多元价值，兼顾短期利益和长期可持续性，保留传统小农经济的积极因素。当前的全球粮食体系，是19世纪以来随着资本主义全球化而逐步形成的，大部分发展中国家实行土地私有制，在逐步融入全球食品市场的过程中丧失了粮食主动权。中国的土地集体所有制，支撑了城镇化和工业化，确保了中国人把饭碗握在自己手里，促进了农村的全面发展，这是中国共产党和中国人民的伟大创造，为发展中国家走出农业发展的困境提供了崭新选择，代表着农业经营体制发展的前沿方向，绝不是保守和走回头路。

"星星之火，可以燎原"，是因为发展新型集体经济能够解决我国经济社会发展和农村面临的迫切问题。中国要在2035年基本实现现代化，在2049年建成社会主义现代化强国，面临着诸多严峻挑战，比如，快速老龄化和生育率下降、部分产业产能过剩、就业压力大、国内大循环不畅通等。要解决这些问题，不能延续工业化、城镇化单兵突进的思路，必须把视野投向乡村。本书作者把土古洞村发展的成就总结为以下几点：青壮年在本地安居乐业；贫富差距较小，"没有暴富的，也没有特别贫穷的"；对村民居住地进行整体规划；本村儿童就近入托入学，村里基本没有留守儿童；发展村庄公益事业等。事实证明，发展集体经济不仅能解决挣钱致富的问题，更是缓解城镇化、工业化带来的风险挑战的必由之路，要充分发挥农村集体经济在延长产业链、容纳就业、促进城乡循环中的作用。这既是振兴乡村的需要，又是中国式现代化全局的需要。

"星星之火，可以燎原"，是因为乡村干部和群众有着走共同富裕道路的觉悟。本书作者开宗明义：发展农村集体经济需要依靠初心的推动，不以具体的项目或任务为导向，更不是政府行政命令的结果。我认为这是一个非常深刻的观点。中国共产党从建党以来，就不是单纯依靠下达项目、布置任务、设置KPI（关键绩效指标）、考核绩效来推动工作的科层制组织，而是依靠共同的理想信念，以及与人民的血肉联系组织起来的，是依靠全体党员及其联系的群众的历史主动性推动事业发展的，这是党的先进性的体现。如果领导干部丧失了初心，忘记了使命，把当干部作为一个饭碗、一个职业，只是被动地、机械地完成考核指标，不去主动思考、主动创造，成为只是精于算计个人得失、规避风险的"理性经济人",那就必然会产生官僚主义,失去生命力。从本书内容可以看到,那些积极主动发展集体经济的村庄,都离不开党组织、党员和群众中先进分子的不忘初心。这种初心,既来自回报乡村共同体的朴素觉悟,又来自对只有走共同富裕道路才能振兴乡村的理性认识。实践证明,只要组织部门愿意弯下腰去寻找、培养、教育,哪个地方都能聚集一批具有这样觉悟的先进分子,成为带领乡村走向共同富裕的有生力量。

"星星之火,可以燎原",是因为这符合我们的历史传统和中华民族现代化文明的要求。本书作者多次用到共同体、公共性的概念,并且把壮大集体经济界定为公共性不断扩大、社区黏性(团结)不断增强的过程,我认为这抓住了壮大集体经济的本质。"大道之行也,天下为公",这是中华民族传统的文明观,即文明是建立在基于共同体的社会关系上的。资本主义无法创造高度的精神文明,正是因为资本为了榨取剩余价值,必然要建立和维护个人主义、物质主义的价值观,瓦解和改造除了商品交易之外的各种社会关系,让社会原子化、碎片化。中国农村建立在集体经济基础上的乡村共同体,是具有经济、政治、社会、文化、生态等多种功能为一体的组织,这种"多元一体"是中国乡村共同体的特征和优势,体现了"天下为公"的文化传统,是家庭伦理、宗族伦理和国家伦理的融合。本书之所以读起来让人倍感亲切,就是因为读者能够和这7个村庄的村民产生共情，想到自己曾经体验过的那种守望相助、令人心有所安的村庄或社区。而农村建立在集体经济基础上的新时代的农耕文明，既继承了自强不息、厚德载物、天人合一、以和为贵等传统，又能够为中华民族现代文明的建设做出贡献。

"星星之火，可以燎原"，是因为在社会主义市场经济条件下，集体经济是能办好的。一说起集体经济，总有人将其与大锅饭、效率低联系起来，认为人性就是自私的，集体经济是办不好的。这样的观点是完全错误的。本书中这些令人信服的案例，完全可以批驳"集体经济过时论""集体经济不符合国际合作社原则论""集体经济办不好论""发展集体经济时机不到论""集体经济低效率论""发展集体经济群众缺乏积极性论""发展集体经济找不到好干部论"等形形色色的错误观点。我国历史上曾经出现的大锅饭、平均主义，并不是集体经济的本质决定的，而是当时为集中力量实现工业化使得可以用于消费的产品过少导致的。在当前的生产力水平下，完全有条件发展高水平的集体经济。本书中大量篇幅，用数据、会议记录、访谈等方式，描绘了农村集体经济在管理、经营、核算、分配方面的具体做法，充分证明，只要建立科学规范的内部治理机制，农村集体经济完全能够办好。

更加可贵的是，本书也实事求是地记录了这7个村庄在发展集体经济过程中遇到的困难和曲折，这是有启示意义的，一切希望发展集体经济的村庄，都能从这些村庄的经验教训中获益。本书写到的7个村庄，从全国来看还是少数。或许有人会据此认为：发展农村集体经济尚不可行。但一个事物有没有生命力，是否掌握真理，不能从多数和少数来看。毛主席在中国革命低潮时写出的《星星之火，可以燎原》，说的就是这个道理。社会主义同以往任何社会制度不同的是，社会主义是人类发挥历史自觉性、在科学理论指导下主动构建的崭新社会制度，既然是创造新事物，那么必然是从小到大、从弱到强，从少数变成多数。而在这个过程中，共产党人的作用就是发现和培育符合社会进步趋势的新事物，因势利导，先进带动后进，把少数变成多数。如果按照西方社会科学那种形而上学的方法论，把统计学上的相关性当作一般规律，用放任自流的态度对待农村集体经济，就不可能跳出历史的周期律。

经过先进分子的探索找到正确的发展道路，然后再从局部推广到全局，是"从实践到理论，从理论到实践"的正确方法。由于种种原因，对要不要发展新型集体经济，在不同层面存在着不同看法、畏难情绪。本书的案例证明，发展集体经济不存在想象中万事俱备、只欠临门一脚的所谓"合适时机"，时机都是主动创造出来的。如果消极等待下去，永远不会有"合适时机"出现。集体经济同其他形式的公有制经济形态一样，都不可能自发地在市场经济中演化出来，需要在无产阶级政党领导下把劳动者组织起来，才能建立公有制经济形态。所以，发展壮大农村集体经济，本来就是要依靠党组织的积极性去主动构建的，而不是能够等来的。发展集体经济固然需要一定的条件，但这些条件不是天上掉下来的，如果"愁"字当头，"难"字挡道，不敢"破题"，这些条件永远不可能具备。走中国特色社会主义乡村振兴道路，首先要改变精神状态，清除各种思想障碍，激发党员干部和人民群众组织起来、改变现状的内生动力。只要认识到农村发展的形势，认识到城乡融合发展和共同富裕的目标，自然会想办法发展壮大集体经济。

正如本书中写到的，大坝村的村支书陈大兴去华西村学习之后受到震撼，激发了发展集体经济的初心；土古洞村村支书郑向东在南街村大受震撼，回村便组织群众开展发展集体经济的大学习、大讨论。他们都是被前人播下的火种点燃，今天在本书作者的努力下，他们的事迹又成了新的火种，必将激发更多的村庄焕发初心，照亮走向高水平集体经济的道路。

江宇

国务院发展研究中心研究员

2024 年秋分

导 言[①]
新型集体化实践

  2018年夏天,我们前往西藏自治区双湖县调研嘎措乡的集体经济,刚开始当地的一些干部对我们调研集体经济有些不解。他们认为集体经济是落后的、迟早要被淘汰的制度,有什么值得调研的呢?但我们调研发现,恰恰是集体经济让嘎措乡拥有了稳健的经济、小康的民生、和谐的社会,以及良好的生态。与单干牧户相比,在接近无人区的雪域高原上,嘎措的集体牧业既能保护生态,严格执行草场轮牧制度,又能出产更优质的畜牧品,还能开展多元兼业,自主开发多种皮毛制品,组织建筑队,等等。嘎措的人均可支配收入不仅远高于双湖县的

[①] 本书为以下项目成果:"中国大陆农村新型集体经济研究",2018年中信改革发展研究基金会课题项目,编号A170707;"边疆社会的空间意义与中华民族多元一体格局的现当代变迁研究",2022年国家社科基金"铸牢中华民族共同体意识研究专项",批准号22VMZ014。

其他乡镇，还高于西藏双湖县以外地区农牧民的人均水平。在社区内部，嘎措在按劳分配的基础上，照顾年老体弱者，甚至还首创了牧民养老制度。嘎措乡地处海拔4900米的高原，自然环境恶劣，除了"生态宜居"这一项非人力可为之外，依靠集体的力量，已经达到了乡村振兴战略总要求的其他几项：产业兴旺，乡风文明，治理有效，生活富裕。

我们在西藏听到的有关集体经济的成见并不罕见。这种成见大多随着农村改革、集体式微出现，时至今日仍然有相当的普遍性。农村改革以来，学术界出现了两种观点：一种是小农持久论，倡导小农是"三农"发展的主体；另一种是"腾笼换鸟"论（或称小农消亡论），倡导农民进城、资本下乡，让专业大户和龙头企业成为农业的主体。那么，乡村振兴应以谁为龙头呢？

20世纪90年代以来的"三农"困境已经说明乡村振兴的龙头不可能是分散的小农，但也不是专业大户和龙头企业。此外，乡村振兴也不能简单依靠城市化来带动，乡村问题与城乡关系、城市化密切相关，但也是相对独立的。政府也难以充当乡村振兴的龙头。在社会主义新农村建设中，政府已经对农村的基础建设投放了大量的资金，这样的外部性输血对改变乡村面貌，尤其对改善基础设施，发挥了相当的作用，然而仅仅依靠政府并不能解决农村社区由去组织化带来的内生性缺失的问题。进入新时代以来，中央政府已然看到乡村问题的基础性和长期性，将"乡村振兴"作为一个中长期战略，正是体现了这一认识。我们希望通过调研回答乡村振兴谁是龙头，乡村振兴如何探路这两个问题。

我们认为中国乡村未来可持续发展的短板是缺乏组织化、缺乏内生性。通过调研，我们认为重新激活的村集体应该成为引领乡村社会发展的龙头，村庄的新集体化能够解决乡村的组织化和内生性问题。只有解决了这个问题，农村业态黯淡、农村社区原子化、农村生态环境缺乏整体性统筹等问题才有可能解决，乡村振兴才有基础和抓手。

一、乡村振兴的龙头

谁是乡村振兴的龙头是一个重要的政策问题。20世纪90年代以来，因为缺乏抓手，面对扶贫增收的任务，地方领导往往通过行政命令安排农民的种养项目，结果却往往不如预期。行政命令式的推动往往效果不佳、事与愿违，还可能导致相互的埋怨和腹诽：地方领导责怪村干部落实不积极，村干部则觉得自己要被动承担试错的责任和后果，担心遭到村民埋怨。[①]显然，地方领导做主，却并不承担决策的后果，村干部不能决策，却要承担试错的后果，权责不统一。从权责统一的角度来

---

① 这样的案例有很多，参见：古学斌，张和清，杨锡聪.地方国家、经济干预和农村贫困：一个中国西南村落的个案分析［J］.社会学研究，2004，110（2）：79-88.

看，乡村振兴的龙头不应该是地方政府，而应该是村集体。地方政府需要提出地方发展的战略指引，而乡村振兴的具体路径、方法和决策，需要依靠村集体发挥责任心和能动性。

资本是否能成为乡村振兴的主体呢？乡村振兴战略提出后，一些资本活跃在民间高端论坛，在乡村振兴中寻求商机。诚然，让资本唱主角是很多发展中国家振兴农业的主流思路，然而招商引资带来了很大的负面性。有国际农政研究发现，资本化农业越来越趋向于"采掘性"（extractivism），即农业越来越脱离传统的资源循环模式，越来越趋向于资源流失的模式，这样的农业模式具有采掘性，也可称为"掠夺式"。[1] 印度著名的生态学家范达娜·席瓦言简意赅地评论了其后果："在所谓高产的同时，整个生态系统在沉沦，生态的多功能在沉沦，每亩的营养产出在下降。在所谓高产的同时，它们把高产的成本都外部化了，比如所造成的水污染需要花费450亿美元才能清除，而这些成本由整个社会来承担。"[2] 荷兰农政学者范德普勒格指出，资本主导的农业在表面上、在短期内，可能带来"发

---

[1] MCKAY B. Agrarian Extractivism in Bolivia [J]. World development, 2017, 97:199-211. TETREAULT D, MCCULLIGH C, LUCIO C. Distilling agro-extractivism: Agave and tequila production in Mexico [J]. Journal of agrarian change, 2021, 21 (2):219-241. TILZEY M. Authoritarian populism and neo-extractivism in Bolivia and Ecuador: the unresolved agrarian question and the prospects for food sovereignty as counter-hegemony [J]. The journal of peasant studies, 2019, 46 (3): 626-652.

[2] 严海蓉. 对话范达娜·席瓦：农民自杀与农业系统性危机 [J]. 南风窗, 2015, 5：94-97.

展",然而从实质上、从中长期来看,这一模式主要通过流动性和资源配置来实现资本的利益诉求,并不考虑当地的生态保护、可持续性,以及当地劳动力的安置。[①]采掘性农业不仅导致资源流失,也使得农业越来越脱离甚至排斥地方社区和文化,农业失去了与社区、文化、生态维护相关的多功能性。采掘性农业以资本为主体,服务于单一的利润导向,经济价值的生产排斥了社区、文化、生态等方面价值的生产;农业与当地的社区、文化、生态脱钩,导致乡村的业态与乡村社区、乡村文化不能达成有机的整体性;这样的业态模式,不仅本身缺乏可持续性,更无法带动乡村振兴。乡村振兴是多种价值振兴的统筹协调,包含社区、文化、生态、农民生计等方面,只有村集体能够兼顾多元价值,兼顾短期利益和长期可持续性,所以,乡村发展、乡村振兴的龙头应该是村集体。无论是资本还是政府当龙头,都错置了乡村振兴的主体。

关于乡村发展的前景,小农持久论和小农消亡论在国际学界仍然争执不休。小农持久论强调小农经济的韧性,即小农利用家庭劳动力、以改善生计为目标,比公司化运营主体更有伸缩性、更坚韧。小农消亡论则强调小农生产缺乏规模化的经济效益,在市场化的环境中必将被碾压,因此农业的资本化、企业化是必经之路。近年来,生态和气候危机使得这一争论出现

[①] 丁宝寅.重新发现小农——解读《新小农阶级》[J].中国农业大学学报(社会科学版),2014,31(3):154-160.

了反转。一些学者和世界各地的农民组织支持小农持久论，强调小农农业的多功能性，认为其能兼顾社区、文化、生态等多元价值，对环境更友好，更有助于扭转气候危机。与之相比，小农消亡论的价值观是资本效益优先，其投入-产出的方法强调单一的经济价值产出，因此直接冲撞了保护生态多样性和温室气体减排的时代要求。国际研究机构 ETC Group 的研究发现，全球小农用不到 25% 的资源（包括土地、水和石化能源）养活了世界 70% 的人口，相比之下，工业化的食物体系用了至少 75% 的资源，仅养活了全球 30% 的人口，而且还产生了大量温室气体。小农农业体系的生态多样性是工业化农业的 9~100 倍。同时，工业化食物体系每产生 1 美元零售，全社会需要倒贴 2 美元来弥补该体系的负面性，即它带来的健康和环境代价。因此以过去 70 多年的表现来看，工业化食物体系太耗能、太昂贵，难以持续。① 荷兰的农政学者范德普勒格以 40 年来发展中国家和发达国家的农业与农民研究为基础，分析了小农农业、农场主农业、公司农业这三种模式的性质和特征。他认为小农模式以改善生计为目的，利用家庭和社区的劳动力，通常以生态资产的可持续利用为基础，因此小农模式具有生计改善、灵活兼业、社区互助、生态维护等多个功能。通过对秘

---

① ETC Group. Who Will Feed Us? The Industrial Food Chain vs. the Peasant Food Web [EB/OL].（2017-10-16）[2021-1-26]. https://www.etcgroup.org/content/who-will-feed-us-industrial-food-chain-vs-peasant-food-web.

鲁、荷兰、意大利长达30年的跟踪调研，范德普勒格认为这三个国家都出现了再小农化趋势。①关于未来农村的前景，也有学者倡导乡村发展采取"去农业化"（de-agrarianization）的策略，鼓励脱离传统的格局，重塑乡村业态、就业结构、空间格局。②这样的策略并非必须招商引资，而是强调调整乡村业态、优化就业结构、改造空间格局，以带动乡村发展。中国幅员辽阔，内部有丰富的差异性，乡村本就应该有多样化的业态布局。

在国际农政视野下，结合中国70多年的发展经验，中国乡村发展的制度特点和优势是什么？我国长期积累的制度特点是以农村集体经济组织为主导，这一制度特点能够发挥组织化的优势，可以超越小农作为小生产者的局限性，实现适度规模经营，开发多样化业态；同时，还可以比小农更好地统筹和保护社区农业的多功能性和多元价值。这些优势在嘎撒乡的实践中有充分的体现。

关于农村集体经济组织，习近平曾有如下总结：

> 一是农村基层组织管辖的集体经济组织作为农村集体

---

① PLOEG V, DOUWE J. Labor, Markets, and Agriculture Production[M]. London: Routledge,1990.

② BRYCESON D F. Deagrarianization and rural employment in Sub-Saharan Africa: a sectoral perspective[J]. World development,1996, 24(1):97-111.

土地及集体资产的所有者载体，行使着集体所有的土地等生产资料的发包和管理以及集体企业经营制度的选择和经营预期的确定等重要职能；二是在目前我国农业不可能获得太多的财政补贴和工业反哺的情况下，农村基层组织管辖的集体经济组织仍承担着保护农业这个弱质产业的重任；三是在广泛的领域内帮助政府实施多项农村社会发展计划，这是农村基层组织管辖的集体经济组织具有的一个巨大而又往往被人们所忽视的现实功能。[①]

2020年9月30日，习近平在联合国生物多样性峰会上发表了重要讲话，指出"当前，全球物种灭绝速度不断加快，生物多样性丧失和生态系统退化对人类生存和发展构成重大风险"，并宣布中国将于2021年举办《生物多样性公约》第十五次缔约方大会（联合国生物多样性大会）。[②] 可以看到，对生物多样性的恢复、保护和发展得到了我国政府的高度重视。乡村地区的发展与生态的恢复和保护息息相关，是乡村振兴不可避免要面对的问题、承担的责任。在这一过程中，农村集体经济组织具有多种功能，包括管理资源、统筹经济、保护农业、

---

① 习近平.中国农村市场化建设研究［M］.北京：人民出版社，2001：380.
② 习近平.在联合国生物多样性峰会上的讲话（2020年9月30日，北京）［EB/OL］.（2020-9-30）［2021-1-26］. http://www.xinhuanet.com/politics/leaders/2020-09/30/c_1126565287.htm.

社会发展、生态恢复。

自 20 世纪 80 年代的农村改革以来，以农户承包经营为基础的集体和农户双层经营体制逐渐忽略了农村集体经济组织的优势。随着社会经济的发展，农户承包经营权却渐趋固化，农村集体经济组织的"存在感"及其统筹协调权利逐步虚化。2024 年 6 月 28 日，《中华人民共和国农村集体经济组织法》通过并将于 2025 年 5 月 1 日施行，我国农村集体经济组织即将不再是没有"户籍"登记的"黑孩子"，但在实践中，农村集体经济组织的统筹协调仍有待发挥，才能在乡村振兴中发挥制度优势。

农村改革 40 余年，农民已经出现了两极化、离散化的趋势，农村集体经济组织还有没有可能实现第二个飞跃，发展"新集体经济"？在市场化的条件下，第二个飞跃如何起步？农村集体经济组织如何重新组织农民，又能够在市场机制下发挥怎样的作用？带着这样的问题，我们在 2017—2019 年以及 2022—2023 年对新型集体化实践的 7 个案例进行了调研和分析。这 7 个案例分布在全国不同地区，主要在我国东北、西南和西北地区，分别是黑龙江省尚志市新兴村（朝鲜族）、黑龙江省五常市山南村、贵州省安顺市塘约村和大坝村、云南省腾冲县新岐村、西藏自治区那曲市嘎措乡（藏族）、河南省洛阳市土古洞村。7 个案例包括不同的业态：黑龙江的新兴村、山南村以水稻种植为主业；贵州塘约村、大坝村以蔬果业为基础，

二、三产业并举；云南的新岐村以林业为主；西藏嘎措乡以牧业为主，多业经营；河南土古洞村以农业休闲旅游为主。在这些案例中，除了嘎措乡是人民公社时期的集体经济在市场经济条件下的延续，其他村庄的集体化都起步于21世纪。我们通过集体调研、集体讨论的方式完成了本书的写作。参与写作的伙伴分别是蔡聪颖（北京田园之家养老服务有限公司）、陈义媛（中国农业大学）、丁玲（安徽师范大学）、高明（上海大学）、郭琳（合肥市第一中学）、何宇飞（华中农业大学）、黄瑜（中央民族大学）、林芳菲（新疆大学）、戚莉霞（广州工商学院）、王怡菲（常州大学）、徐思远（西北农林科技大学）、严海蓉（清华大学）、余慧芳（香港大学）、战洋（香港理工大学）、郑依菁（上海联劝公益基金会）。下面笔者将简述调研的总体情况，并从国际经验角度来阐述集体经济的意义。

二、新型集体化实践的特点

集体经济，今昔不同。计划经济时期，人民公社"三级所有、队为基础"，集体经济有着明确的组织架构和功能设定。农村改革40余年后的今天，农村组织化有待再次飞跃，新型集体经济如何起步、如何组织群众既是理论问题，也是实践问题。改革时代，虽然我们有南街村、周家庄这样的经典案例，但它们似乎也带来了一种"悖论"。一方面，它们的存在让人们对集体经济的优势有鲜活认识，另一方面，以它们为代表的集体经济高标配也让不少人望洋兴叹。有人因此认为，分田到户实行几十年了，中国其他农村已经没有条件复制它们的经验。而近几年，受《塘约道路》的启发，山东烟台推广党支部领办集体经济的做法，是一次突破性的、市域范围内的尝试。

结合实践经验和当前乡村的情况，我们建议可以先对"集体化"这个概念适度放宽，再来讨论"新型集体化"，使其既有原则可循，也能灵活适应发展变化，从而有利于我们看见当下的实践创新，鼓励乡村在既有条件下"八仙过海，各显神通"，应用"新型集体化"的思路来振兴发展。根据文献研究和实地调研，我们认为不必急于用既定的框架或者指标来划定今天的"新型集体化"。2017年，党的十九大报告指出："深化农村集体产权制度改革，保障农民财产权益，壮大集体经济。"在这一指导下，地方政府确实在想方设法地减少集体经济空壳村，增加集体自有资金。不过，在调研中我们发现，地方政府对集体经济的理解往往也仅限于拥有"集体资金"。而集体经济的壮大应该是多层次推进的，表现为从资金、资产、生产资料的集体化到生产关系的集体化。为了鼓励和发现实践创新，我们建议把壮大集体经济界定为公共性不断扩大、社区黏性（团结）不断增强的过程。此处公共性的扩大不仅指提供更多公共产品，也指从集体自有资金到集体生产资料、集体经济生产关系的推进，这是公共性、集体能力从简单到丰富的扩展。我们认为新型集体化的原则在于公共性的丰富和扩大，其灵活性则在于不要求一步到位，允许有探索的过程。从我们的案例来看，今天的新型集体化往往发端于合作社，但它们又不是以市场化原则为主导的专业合作社。在怀有初心的带头人推动下，新型集体经济逐步丰富了其公共性内涵，扩大了普惠性。如此，农村集体经济不仅仅是部分农民增收的途径，也是乡村多元价值、多功能性的载体，更是乡村振兴的基础。

基于我们调研的 7 个案例，我们可以概括新型集体化实践的特点。①

（一）初心推动

当下全国登记的合作社有 224 万个，80% 以上为空壳，这是公开的秘密。有着 40 年基层工作经验的江西省宜黄县政协委员李昌金把合作社总结为大户推动、企业推动、社会组织推动和行政推动的结果。②其中，行政推动的合作社，主要是以项目或者任务为导向，是以"政府行政命令的方式成立的合作社"。虽然这个总结比较全面，但我们调研的 7 个案例却并不对应其中任何一种。除了西藏嘎措乡是人民公社时期集体经济的延续，其他几个案例中的集体经济都是由新世纪条件下的初心推动的，不以具体的项目或任务为导向，更不是政府行政

---

① 周建明老师为我们提供了贵州塘约村、大坝村的联系方式，云南大学的向荣老师提供了云南腾冲新岐村和箐口村的联系方式，南街村的段主任提供了西藏嘎措乡的联系方式，在此深表感谢。

② 李昌金. 中国农民合作社深度调研报告 [R/OL]. （2021-01-26）[2022-01-26]. http://www.snzg.cn/article/2021/0126/article_42550.html.

命令的结果。20世纪50年代农业合作化运动的初心，在社会层面是防止贫富分化、追求共同富裕，在经济上是创新社会化的分工合作，提升生产力，在政治层面是建立以新的生产关系为依托的村庄共同体，巩固社会主义政权。相较之下，在我们调研的案例中，新世纪新集体经济带头人的初心，则是追求共同富裕，为20世纪90年代以来乡村发展的困局寻求出路。

农村家庭联产承包责任制已经实行40多年，现今农村出现分散、分化的局面，把集体当作事业的动力不足，新型集体化实践的初心从哪里来？中国社会主义传统在乡村基层的土壤中依然留存着种子，而新型集体化便是这些种子发芽、开花、结果的过程。在这一过程中，集体重新被塑造，成为乡村振兴的发动机。发掘由初心推动的新型集体经济，为乡村振兴提供思路，正是我们调研的问题意识所在。

在我们的调研案例中，这份初心往往由不同的机缘激发，但都有一个相同的背景，那就是农村的分散分化。黑龙江新兴村是一个朝鲜族人聚居的村庄，"50后"金正浩在19岁入党时立下决心，要为村庄建设出力，恰巧他那时看了一部朝鲜电影《鲜花盛开的村庄》，便立誓也要把家乡建设成美好和谐、鲜花盛开的地方。时过境迁，20世纪90年代，金正浩去韩国打了七八年工，回来后，村民觉得他为人正直，有技术、有能力，都希望他能留下做书记，不让他再走了。2004年，赴韩国打工开始在新兴村成为热潮，那里的青壮年80%都出国务工，平均年收入有几万元。当时已经是村支书的金正浩并没有因此觉得高枕无忧，反而看到了问题和危机：青壮年外出打工导致村里大量土地抛荒，不能外出打工的村民则缺乏致富途径，许多村民缺乏大局观，只顾自己家，导致村容不整，年轻人盛行喝酒、打牌的风气。金正浩忧心村里的土地抛荒，思索着如何带领留守村民改善生活。2007年《中华人民共和国农民专业合作社法》出台，金正浩找到了把初心转化为实践的路径，他说："我们的合作社跟其他合作社不同，不是家庭办的，不是为自己利益的，而是以共同致富为目的的。"这样的初心是被村民需要和信任的，也是村民选择的结果。正因为金正浩坚守社会主义初心，眼里看得到留守村民的困难，心里装着村庄发展的大局，他才能思考整体性的问题，探索新型集体化。金正浩和村民这种联系和互动是中国特色农村发展道路在基层的一种体现，是具有中国特色的实践。

贵州省安顺市大坝村的陈大兴是"60后"，1996年，28岁的陈大兴接受了弥留之际老书记的嘱托："党员就是要为村里好，为老百姓好，我相信你一定能够带领村民们走出贫困。"但是如何才能带领村民们走出贫困呢？在地方政府的指导下，大坝村尝试了几个种养殖项目，屡试屡败，不得其法，大坝村仍然是省二级贫困村。2012年陈大兴被派去著名的华西村学习，那里的集体经济让他真正受到了震撼，回来就和村"两委"开了一个星期的会，讨论大坝村的未来发展，他的想法受到了村

"两委"的支持。正是在华西村的经历激发了陈大兴的初心。

河南土古洞村的带头人、村支书郑向东也是受到集体经济实际案例的启发,激发了初心。1995年郑向东听说了南街村的集体经济后,将信将疑,亲自前往考察后大受震撼。回村后,郑向东多次召开会议,从村"两委"的班子会议到党员会议,再到村民代表大会,组织大家讨论村庄发展道路问题。除了开会讨论,两个多月里,村委会让7个村民小组轮流观看介绍南街村集体经济的光盘,并组织村干部、党员去南街村考察学习。

贵州塘约村的村支书左文学是被村里遭受的百年难遇的大洪水激发了初心。在世界上一些地方,发生自然灾难之后,灾民往往还会遭遇深重的人为灾难。比如,2004年印度洋大海啸席卷多国造成二十余万人死亡,自然灾难过后,资本"海啸"接踵而至,其在灾区以重建为名疯狂圈地。2005年美国南方遭遇卡特里娜飓风,80万所房屋倒塌受损。然而,灾民迟迟未能重建家园,原本用于救灾和重建的数十亿美元公共资金却肥了私企承包商的腰包,这种资本积累的模式被称为"灾难资本主义"。塘约村不仅在洪水发生后迅速反应进行灾后重建,还选择了一条组织起来的道路:以党支部为领导核心,建立起"村社一体,合股联营"的新型集体组织。塘约村的发展的确受到了政府资金的扶持,但我们通过调研发现,塘约村的集体化实践并不是行政推动的结果。因果关系正好相反,先有塘约村的新愚公移山,才有后来的水到渠成,塘约村如果自己没有组织起来的初心，没有先干一步的决心和干劲，也难以吸引到政府的资金支持。

（二）新的公共性

初心点燃后，如何带动群众呢？当前乡村振兴在实践的方向上应该表现为公共性的增加。在过去70多年的历程中，前30年乡村公共性不断扩大，20世纪80年代初的农村改革，即"第一个飞跃"，反而使乡村的公共性缩小了。谈到现在动员农民合作，大坝村的村支书陈大兴说："难。改革开放多年，村民心散，不理解这些事，以为承包给他的永远是他的。所谓'金不调，银不换'。"这样的局面来自几十年分田到户养成的惯性，那么这些推动集体经济发展的村庄是如何破局、带动群众呢？答案是推动者们甘当新愚公，创造新的公共性，付出逆市场化的努力。我们调研发现，只有提供新的公共性能量，创造"合"的条件，才能带动群众，让村民们逐步脱离"分"的惯性，创造新的集体经济。

贵州大坝村的产业金刺梨种植，正是村支书陈大兴在2008年首先尝试种植了300多棵，随后十几名党员带头示范，2011年果树成功挂果，引来不少买家高价购买，这才发展起来的。如果按照市场化逻辑分配个人利益，获得利益者首先应该是陈大兴，然后是其他党员。然而，他们并没有把通过试错、探路得来的成果，按市场的一般规律变成自己先富起来的途径，而是逆市场化地让这一成果为集体所共有，与所有村民共享。

在村民们有兴趣、有信心后，村"两委"趁热打铁召开村民大会，组织合作社。2012年，大坝村完成土地丈量，全村村民大部分都加入了合作社，按土地分红。新的公共性为村干部在群众中赢得了公信力和号召力。陈大兴对新型集体化的看法体现了集体逆市场化的功能：

> 我们村这种模式解决了收入差距的问题，因为村民有股份。以前田是给有能力的人做，帮他做工的一边打工一边把钱花完了，赚不到什么钱。很多村是把土地流转给公司。"奴隶"还是奴隶，"奴隶主"还是奴隶主。老百姓没有分红，赚多少都是老板的……时间长了，老百姓醒了，（觉着这样）还是不行。

塘约村的干部也是逆市场化的新愚公，为村民奉献了第一桶金，创造了新的公共性。村合作社起步的150亩莲藕项目需要筹集资金，但是当时信用社不贷款给合作社，只借贷给个人，因此塘约村的村"两委"开会，11名干部各自认领了8万~15万元不等的贷款任务，以个人的名义为合作社共贷款114万元，还这样约定："发展起来了，就由村集体帮我们把这个钱还了；如果发展不起来，我们亏了，我们几个人打起背包外出打工，去挣钱把这个（钱）还了，自己还自己的钱，不要给老百姓拖泥带水。"这些举动都发生在上级部门关注和支持塘约村之前。

黑龙江新兴村也是通过创造新的公共性带动了村民合作。这个公共性的基础是村支书金正浩奉献的努力和技能。他说："我不是高级农艺师，我是农民农艺师……有什么事，给我打电话，或者把水稻拿过来，看什么病啊，诊断啊，用什么药来处理，我一看水稻就知道有什么问题。合作社的6000亩地技术都由我来承担，应该说是免费吧，谁也没有给我钱。"用自己的技能服务合作社，符合金正浩的初心。他很明白他的奉献是逆市场化的，因此他们的合作社与一般的合作社不一样，是普惠性的。他说："我们的合作社跟其他合作社不同，不是家庭办的，不是为自己利益的，而是以共同致富为目的的……要是我个人办的话，我早就是百万富翁了。"村支书是农艺师，从育种到田间管理方方面面都在行，还有一位屯长是农机能手，在人民公社时期成长起来，志愿承担合作社的农机管理服务。他们为6000亩农田无偿贡献了自己的技术和精力，既提供了合作社启动的能量，也保证了合作社的平稳发展。

云南新岐村的新公共性也是在逆市场化中形成的，不同的是，新岐村的逆市场化拒绝了"一刀切"的市场化导向。1982年包产到户时，上级指示把林地分包到户，新岐村组织了村民讨论是否要保留集体林地。最初，大部分村民和部分干部赞成林地全部分给农户，但也有一部分干部认为，如果集体保留部分林地，集体有收入，将有助于村庄公益事业建设。村委会多次召集会议，让大家充分讨论，最后70%的村民同意全村2/3

的林地交给集体，1/3 的林地分给农户。1997 年全国农村实行二轮承包时，新岐村对林地分配进行了调整，把村集体一半的林地交给各村小组，形成了村集体、村民小组、村民各占 1/3 的"三三三制"局面。2006 年林权制度改革时，政府要求新岐村把林地全部分给农户，但是新岐村的一些老党员干部担心新岐村像周边村庄一样成为集体经济空壳村，失去整体发展能力，因此他们强烈要求保留集体林地。

不过，我们必须辩证地看新型集体化的逆市场性。在集体内部，集体的普惠性是逆市场化的，但是在市场经济中，集体是一个市场主体。典型集体经济村庄南街村提出的"外圆内方"，体现的就是顺市场化和逆市场化的双向关系。

（三）可持续的公共性：多数参与，多重价值

对当下集体经济的质疑往往诟病集体经济依靠能人，一旦失去能人，则陷入"人亡政息"的境况。事实上，在市场经济条件下，所有的市场主体都面临着生存问题，而且相对于大型企业，中小企业更难生存，这是普遍情况。中国中小商业企业协会发布的报告显示，截至 2017 年 7 月，小微企业"存活 5 年以上的不到 7%，存活 10 年以上的不到 2%。中国民营企业平均寿命仅 3.7 年，中小企业平均寿命更是只有 2.5 年"。[①] 因此，在

---

① 21 世纪经济报道. 应培养一些中小企业成为隐形冠军［EB/OL］.（2018-06-22）［2021-01-26］https://finance.china.com/industrial/11173306/20180622/32567288_1.html.

市场经济条件下，市场主体生存艰难不是集体经济本身的问题，而是所有市场主体面临的问题。不同于一般市场主体往往追求利益最大化，农村集体经济组织作为特殊市场主体，因为其内部的非市场性，或许比一般的中小企业更有韧性和可持续性。

在我们调研的案例中，西藏嘎措乡的集体经济历时最长久、最成熟，也最具有韧性和可持续性。20世纪80年代初，西藏进行农村改革后，嘎措是整个自治区唯一留存集体经济的，从80年代至今，嘎措已经经历了7任书记。嘎措的集体经济并不依赖某个具体的能人，而是形成了自身的制度特点和优势，具体包括以下几点。第一，以内需为主。嘎措出产的牛羊肉、酥油、酸奶等产品大约70%用于内需，并不全盘依赖外部市场，这就增强了其自身的韧性。第二，以按劳分配为主，兼顾劳动均衡，给弱势劳动力以适当的劳动照顾，从而实现共同富裕。第三，实行生态保护型生产，不追求产值最大化，而是追求社会最优化和生态可持续性。虽然不追求产值最大化，但因集体的统筹发展能力远超单打独斗的农牧民，嘎措的人均收入遥遥领先于西藏自治区的一般农牧民收入。这些不同于一般市场主体的措施，使得嘎措的集体经济能够很好地实现多重价值：共同富裕，社区和谐，生态保护，可持续性。如果不是上级政府统一安排搬迁，嘎措以牧业为主的集体经济仍可以持续下去。在迁往新的居住地后，嘎措乡民正在逐步脱离传统牧业，尝试新的集体经济实践。

黑龙江新兴村以朝鲜族村民为主，2009年在村支书金正浩的推动下，由党支部领办合作社，合作社与村财政"政企分开"，经营的6000亩土地，有5000亩承包给40多户社员，1000亩由合作社自主经营，为全社创造收入。新兴村的合作社有如下优势。第一，帮助社员扩大了种植面积。合作社成立前，外出农户把土地流转到周围的村庄；合作社成立后，把全村的土地从农户手里流转回来，扩大了本村社员的种植面积。这同时也避免了农户承包的两极分化，2017年，合作社承包最多的农户有土地280亩，最少的也有100亩。第二，合作社使生产上做到了"五统一分"——土地统一、技术统一、种植品种统一、农资统一、统一销售、分户经营。第三，合作社设立315亩的良种试验田，为社员提供优质廉价的种子。第四，合作社为社员提供农机服务和农机技术培训，使得社员的生产主要依靠自家的劳动力，减少了生产开支。合作社也为全村提供了公共产品，增强了"集体性"和社区的黏性，比如给全村提供免费自来水，支持村里朝鲜族老年协会的各项活动。

前文虽然已经提到几个村庄发展集体经济的诸多细节，但我们调研的村庄并不都是发育成熟的集体化案例。西藏嘎措乡，贵州大坝村、塘约村，河南土古洞村的集体化探索力度更大。嘎措乡本已经发展出成熟的集体经济，但搬迁后业态有很大的变化，今后集体经济之路怎么走，还需要新的探索。大坝村、塘约村已经探索出一二三产业联动的思路并收获了初有成效的实践方法。土古洞村对如何拓展生态农业，如何联动一二三产业，还在探索中。黑龙江新兴村的合作社、云南的新岐村的集体林业都是实现乡村新公共性的基础，但是，带头团队能否继续推进，有待跟进观察。

在我们的调研中，也有集体化跑偏的案例，对比来看很有借鉴意义。黑龙江五常市山南村的带头人怀有初心，却没能实现逆市场化。2003年，山南村开始有大量的劳动力外出，因此山南村成立了村级工会，支持外出务工，也有效地协助了外出村民向雇主争取欠薪或工伤赔偿。由于大规模的外出务工，村里只留下"386199部队"①，山南村的村支书也开始反思负面效应，思考农业的未来靠谁来承担的问题。该村合作社成立于2006年底，至2017年有200多户社员，主要进行农资统购和产品统销，也有一定的互助资金。成立合作社的初衷是重建集体，通过集体经济实现"集体共富、合作共赢"，但是合作社在实际运作中，没能提供足够逆市场化的公共性，出现了常见的几个问题。第一，合作社主要强调经济效益，没有形成多元价值，单一的经济价值使得合作社缺乏黏性，越是强调经济效益，社员越是只能利益共享，难以风险共担。第二，合作社内部存在相当的经济分化，少数人决策运营，多数人缺乏参与，因此普通社员没有共担风险的动力。第三，合作社"统"的程度不

---

① "386199部队"指留守乡村的妇女、儿童、老人。——编者注

高，公共性弱，鼓励有能力的人自立门户，这样虽然减小了合作社的责任，但也更加减弱了合作社的黏性。简言之，虽然山南村合作社带头人有壮大集体经济的愿景，但是近些年来离重建集体的目标并没有越走越近，集体性和公共性没有实质进步。

农村集体经济是在中国社会主义建设中形成的、具有中国特色的制度。当我们把中国集体经济制度的经验放在国际上关于"公共"（或者叫"公地"）的理论中进行探讨时，中国经验不仅对我们探索乡村振兴之路具有重要的启示作用，对世界的普遍问题的解决也具有借鉴价值。1968 年，美国生态学家加勒特·哈丁在著名的《科学》期刊上发表了题为《公地的悲剧》的文章。哈丁在文章中引用了 19 世纪英国一个关于公地的假设，即如果放任自流，大家都会为了自己的利益增加自家蓄养牛羊的数量，这种自由将会摧毁公共牧场。① 从这个假设出发，哈丁把"公地"的命题延展到人口问题、公共环境、公共资源（如大气、海洋），他指出，如果放任自流，这些"公地"都会面临无法避免的悲剧。哈丁的文章之所以有很大的影响力，在于他前瞻性地在更大的范畴提出了"公地"的前途问题，警示了在未来的社会生活中"公地"管理的重要性。非常有意思的是，哈丁的"公地的悲剧"这一命题与亚当·斯密关于"看不见的手"的命题是相反的。亚当·斯密的命题是，当人人追求个人

---

① HARDIN G. The tragedy of the commons[J]. Science, 1968, 162: 1243-1246.

利益，自由追求生产和消费时，社会公共利益将最大化；也就是通过市场这只"看不见的手"的调节，个人利益和社会公共利益具有一致性。而哈丁的命题恰恰指出了自由个体的利益与社会公共利益是相悖的，他提出，有两种措施可以避免"公地的悲剧"，一种是彻底私有化，另一种是国有化。然而，在公共政策领域，哈丁的命题常常被用来推动"公地"的私有化。[1]

美国政治经济学者、诺贝尔经济学奖获得者埃莉诺·奥斯特罗姆的贡献是在世界各地的"公地"维护中发现了多种付诸实践的合作制度，打破了私有化的迷思。[2] 从广义的农业资源（包括农、牧、渔）来说，中国可能拥有世界上最大规模的"公地"，中国在农业"公地"的管理上有着丰富的经验和教训。对这些经验教训的总结和扬弃，不仅关乎中国农业资源的未来、关乎乡村振兴的前途，也对世界"公地"的管理有着重要的意义。我们的调研是一个初步的尝试，未来还有许多工作可做。

---

[1] OSTROM E. Governing the Commons: The Evolution of Institutions for Collective Action[M]. Cambridge, UK: Cambridge University Press, 1990: 8-13.

[2] 同上。

第一章
塘约实践：靠外部资源还是靠内生力量？

随着作家王宏甲《塘约道路》一书于2017年出版，贵州塘约村引发了大量的关注。同时，塘约实践的意义也成为一个有争议的话题：这到底是自力更生的新路，还是地方政府抓典型、搞政绩的老路？《塘约道路》记述了2014年遭遇洪水灾害后，塘约村在党支部领导下自立更生，把承包工地重新集中起来统筹经营，探索出一条乡村振兴道路的故事。《塘约道路》热销后，许多参访者目睹了塘约"大干快上"的基建工程项目，并认为塘约发展主要得益于政府的资金扶持。大量的媒体报道，包括塘约村的展板，都宣传和强调塘约的华丽转身。有人评价："这实际上是在制造幻象。这种自上而下的组织形式，在任何地方都可以复制一两个。但全国有那么多村庄，需要多少钱？"塘约实践的主要动力到底是什么？是来自村庄内生性的推动，还是源于上级政府自上而下的扶持。这是质疑塘约道路的人关注的焦点。有些人并没有参访过塘约,他们根据自己的经验和媒体报道推断出,答案肯定是后者。于是,我们带着问题来到塘约,探寻塘约道路的内在细节。

近年,全国经历灾后重建的村庄不少,为什么塘约不一样?在洪灾发生前,除了村史馆展示的历史,塘约还有怎样的过去?在曾经的旧房旧貌下,我们发现了塘约潜藏的历史积淀,在探访塘约组织化的过程中,我们认识到塘约的水灾是偶然的,塘约的振兴却并非偶然。

第一节　塘约村内生性的底蕴

一、石头寨的传承

来到塘约村后,我们借宿在石头寨,它在塘约村 11 个村民小组中人口最多,有 134 户,村民 500 多人。我们的房东唐从富(我们称他"唐哥")的岳父,是年近 80 岁的老人鲁登昌。鲁大爷 12 岁开始读书,读了两年,15 岁不再上学,当上了生产队小组长,18 岁起担任生产队队长,至 1976 年共任队长 15 年。1976 年后,鲁大爷被调去公社,此后 20 年一直在乡镇农经站工作。如今鲁大爷和老伴儿仍然住在石头寨的低矮平房里,平房外间朝街,他和老伴儿开了一个微型小卖部。我们注意到坐镇小卖铺的鲁大爷仍在衬衣上别着党徽。(见图 1-1)

关于石头寨的过去，鲁大爷是重要的亲历者，也是农业学大寨的积极践行者。农业学大寨不仅改善了村里的生产条件，今天仍然福泽后人，当时的组织能力今天也还有所传承。鲁大爷回忆：

> 农业学大寨期间，我们开会，要各个村搞农业学大寨，都是搞生产。农业学大寨第一是改良品种，第二是搞好"坡改地"，先搞"坡改梯"，然后再搞"土变田"，把旱地改成水田。从（19）65年开始到（19）75年，口粮翻几番（一番）。原来一个人才120斤的口粮，到后来提高到250斤的人均口粮。镇（公社）党委书记都来田坝，都要到田坝打一打谷子，说我们这个生产队搞得好，问我怎么搞的，我说在科委学了农业技术，成了农业技术员。学习期间科委一个月还补助我10块钱，当时关于我的简报（新闻报道）都好多。
>
> 原来（种植的）是高秆品种，大红米、小红米，改成了增鲜3号、珍珠矮、珍珠3号这些矮品种。（19）75年（我）找到科委，拿到两斤杂交水稻，以前才打400斤谷子的地方，用杂交水稻都打了1500多斤，翻了好多番（近两番）。那时候不懂科学，给我们化肥我们都丢了，人家科委教我们学土质，我们现学现卖，学到了就干。杂交水稻叫"南优2号"，现在都没了，换了新品种了。

土变田是旱地变水田。旱地一年才（打）200斤（谷子），水田一年（打）500~600斤（谷子）。这个队以前穷得叮当响，很穷，穷得（一家）不得一间房，都是毛土房，后来才一家盖一小间石板房，慢慢慢慢发展起来。学大寨之前，我们是9个生产队里最落后的，学大寨的时候变成最先进的。（19）75年、（19）76年已经是最先进的。乡镇府发的流动旗我们也能拿到。

要水利，先修路，才能搞提灌，从河里提水（抽水）到田里。现在这条公路从把丫关开始修，还跟别的村调土地。年初二我们就放炮，还在过年就开始干。平时一天计10个工分，初二来干的话12分，人人都给12分，打钢钎13分。有一年干旱，我们就搞提灌，（19）68年开始修，到（19）70年修好了，有机器把水拉上坡，土（旱地）变田（水田）了。现在塘约大棚用水的管道，还都是那时候修的。

20世纪60年代，全国都在搞农业学大寨，石头寨的经历和成就或许并不传奇。今天很多人已经淡忘了农业学大寨的意义，但在农业学大寨中从后进变先进的石头寨，仍部分传承和保持着它的先进和自豪。唐哥是在市场上打拼的能人，也是历经波折的蔬菜种植大户，现在被塘约的合作社聘为技术指导，据石头寨村民小组组长说，他的家庭条件算中等。说起石头寨，不是党员的唐哥也很自豪："我岳父同时期的几个党员，都有很强的奉献精神，起到了很好的模范带头作用。这是上一辈人打下的底子。带头人的正派正气影响了整个寨子的风气，对后来人也形成传帮带的作用。"

石头寨的合作团结的确难得。但是石头寨的贫富分化是否会引起组内话语权不平等，影响组里的团结？鲁姐是鲁大爷的女儿，她是石头寨的8个村民代表之一，她说石头寨目前最富裕的是几个早年外出经商的人，他们现在的资产大约上千万元，这样的村民不到10个。他们已经搬去城里居住，不参与村里的公共事务，与村民之间的关系已经很淡了。另外有两三个资产上百万元的家庭。这些家庭只顾自己挣钱，对集体事务关心少，不积极参加集体活动，与群众关系一般般。在我们以往的调研经验中，农村改革后村庄贫富分化、精英垄断话语权的情况并不少见，往往使得社区内部难以团结。石头寨的"先富"们对石头寨不管不顾、不介入可能反而是好事。

在唐哥眼里，能体现石头寨先进性的是1999年修路这件事，当时石头寨村民自己投劳投钱，与有些村庄修桥修路主要依靠富人捐款不同，石头寨80多户村民是捐款的主体，而且当时寨子里98%的劳力都出了工。在石头寨一棵大树下的功德碑的一面刻录了当时的捐款情况。石头寨每户捐款数额为100~600元，乡镇府捐款500元、塘约村委会捐款700元，再加上其他外界人士的小额捐款，总共捐款两万多元。功德碑的另一面记录了当时组织者的感言:"1998年冬开工,只用了二十多天……我寨到把丫关的南北交通全部胜利完工……为民众和子孙后代开创了幸福,特立此碑……"(见图1-2)

石头寨以前的小路只到养老院,不能到学校,孩子们上学没有路,只能在石头上跳着、绕着走,要花40分钟。为了不占用农田,新开的路是从石头遍地的地方开辟出来的,一直延伸到学校。这条路要经过邻寨,邻寨也被石头寨村民打动了,同意为修路赠送土地,由石头寨出工。鲁姐说,1999年义务修路的时候,唐哥不在家,她一个人背大石头,背得身上痛了半个月。石头寨自力更生修路的事情打动了政府,政府后来出资4万元,帮助砌路沿。2008年石头寨又修了一条路,是从村委会到石头寨的路,这条路本来是一条小河沟。这次修路唐哥参与了,唐哥说:"那时候没有挖(掘)机,都是用锄头,很多人手都起泡了。我们小组的积极性是远近有名的。"

在鲁姐看来,石头寨有名是因为每年农历六月二十四日当地的传统节日——雷神会。这一天寨子里按人头每人交20元,大家一起活动一天,有午饭和晚饭,还有当地的花灯表演。虽然每个寨子都过这个节,但石头寨的最热闹。2017年,其他寨子过来石头寨玩的就有100多人,因为他们觉得这边更有意思。这个节日由几个妇女帮忙组织,鲁姐也是其中一员。几个组织者用大家交的份子钱里多出来的钱,给村里每个老人买了一条毛巾。老人们拿到毛巾很高兴,还当场即兴表演起花灯。

石头寨从学农业大寨之前最落后的生产队，到学大寨时的先进队，农业学大寨不仅给石头寨留下了物质遗产，也留下了宝贵的精神遗产。尽管今非昔比，但无论在众筹众力修路上，还是在举办传统节日上，今天的石头寨仍然传承了从前的生产能力和组织能力。

二、杨家院的自力更生和集体家底

在塘约，石头寨不是唯一有如此组织力、动员力的村民小组。在拜访杨家院村民小组的新组长、老组长时，我们了解到，并非先进、并不突出的杨家院也曾经自力更生组织全组修桥修路，甚至修了全村第一条机耕道，虽然一波三折，但也大功告成。杨家院的老组长杨定忠于2006年入党，2009年进入塘约村委会，2013年在村委会全职工作，现在他管理着塘约村的农机队。

杨定忠小学毕业后就在家务农，1988年开始"跑车"搞运输，拉煤、拉建筑材料，什么类型的车都开过。1991—1993年，杨定忠做了一届杨家院的组长，在这期间，他带领群众出钱出力、自力更生，把杨家院的桥、路、水都修通了。

> 那时候我们的田地在河（乐平河塘约段）那边，没有桥，平时过河要踏着石头过去，一到夏天，河水上涨，要

用船渡农家肥过去。遇上大雨,小孩、农具掉河里的多了,小孩水性还好,但是给村民生活带来很大不便。

我就组织村民修桥。当时要用牛拉石头下山来,铺好之后,上面打现浇(打钢筋、浇灌混凝土)。水泥钢筋花了4000多块,其他都是用人工,没有花其他钱。这桥修了10天,一共出了1000多个工(平均每天有百人出工),几乎是全组出动,人背马驮。修桥是人力不困难,资金困难。这4000多块钱全是从我们组里拿出来的。村里只资助了一二十棵树用来放在桥底做支撑。为筹措资金,当时我们组变卖了一座公房,把组责任地的树卖了,组集体拿了1000多块出来,不够的就叫组里的村民按人头摊,村民一共摊了3000多块。修桥之后,组里有老党员叫我写入党申请书,我那时候申请了,2006年正式入党。

我还带组里修了我们村最早的一条机耕道,从杨家院到凤凰林场,总长6公里。这条路是去我们组的林场的,为了方便把木料运出来。以前没有车路,木料只能靠人背,花(除)了人力成本,每根木头只能赚3块,现在用车拉出来,每根可以赚9块。修这条路耗费的人力倒不多,主要是从外边找挖掘机的花费,还要补偿占用沿途农户的土地。这些农户不是我们组的人。当时我们跟这些农户说,按国家标准补我们肯定承担不起,这些农户也理解,因为我们修路的路线也没其他选择。最后是按每亩350块补的,补偿占用土地这块一共花了1000多块钱。修这条路总共花了4万多块,当时全组92个人每人拿了500块。修路过程也是一波三折,停了三次,因为沿途有农户捣乱,我就斗气停工一年多。

2003年我还为组里做了个引水工程,在山上建了一个水池,引山泉水下来供组里饮用。池子、管道都是我亲自设计的。以前我们吃水是打很多小水井,但人畜粪便污染了地下水,水质不好。这个工程的费用也是全组人平摊的,今年开始组里人吃水每年交12块钱,有专人管理水费。现在全村只有硐门前寨、高寨坡、彭家院还有我们杨家院有山泉水吃,其他组都是自来水。

2017年,杨家院全组共33户,154人。新组长章增权介绍,杨家院有三块小组集体资产:

一块是水资源,是大家集资来的。杨家院2009年又组织建了一个蓄水池,一共集资3次,第一次水利局给了三四千元,小组按人头平摊60元,一共有139人集资(组内有几户住在其他组,不享受水资源)。第二次集资是为加高蓄水池,每人收20元。第三次是今年,发现水小了,周边有地下煤矿,为了防止地质灾害,又集资每人30元。水资源固定用户本组有20多户,他们每人每月交1元管理费,外来用户(外组在本组买房的)每人每月10元。到年底是把年收入减去维护费用,结余按人头返还给大家。这个做法是今年才决定的,至今一直没有结余。

第二块是因河道加宽征用了杨家院的沙坝地,大概有3亩多,按每亩34 020元补偿,补偿款有10多万元。这笔款现在存在村里,组里需要用钱时,需要组委和群众签字。

第三块是组集体林地。组里应该有8~9亩集体林地,现在在村民手里,但没有交承包费。这部分需要等村里规划好(村里有修森林公园的计划),再来推进组林地的收回或重新发包。

在塘约合作社出现以前,石头寨和杨家院两个村民小组修路、修桥、引水没有依靠外力、没有依靠上力,依靠的是众筹众力、自力更生、自我组织。依靠这样的力量,这两个村民小组创造了新的组集体公共资源,新的"公地"。值得一提的是,这两个小组在修路的时候,都能够争取到邻组的理解和支持。虽然我们很难说这两个小组代表了塘约村11个村民小组的整体情况,但是我们可以看到,这两个小组的自力更生表明塘约村内存在着可以动员的内生力。

第二节 合作社的起步是偶然还是必然？

一、村集体组织是村庄主人

左文学自 2000 年起担任塘约村主任，2002 年底开始担任村党支部书记，但为什么塘约合作经济建设从 2014 年起才风生水起，而且到塘约参访的人都感到一种"大干快上"的紧迫感？除了水灾重建这一契机，这个时间节点还有什么意义呢？在对左书记的访谈中，我们听到了他的解释：

> 我们不能慢。我跟我们班子成员说，我们遇上一个好时代。（党的）十八大以前这个事情做不来。很多事情办理手续不是这么畅通的。我当这么多年村干部，政府部门"门难进、事难办、脸难看"，很多政府官员把为人民服务的职务作为自己的权力，（把）国家的很多政策视为（对）自己的恩惠。（党的）十八大后对干部的管理很严肃了，有的人有这个心但不敢这么做了。（党的）十八大后，我跟我们班子说要与时间赛跑。如果慢了，这个时代我们就跟不上了。看到天起云了要下雨了，下雨之前要把水缸什么的都准备好……宣讲塘约道路未来的发展，要让我们的村民看到希望，要能够催人奋进，激发我们村民的紧迫感、使命感。

如果说左书记从多年当村干部的经验里看到了恰逢其时的机遇，那么乐平镇的马松书记则从中国农村当下发展的困境看到了塘约实践的必然性。在马松看来，中国农村发展面临"资源破碎"和"资产沉睡"这两个问题：

第一，资源破碎。家庭联产承包责任制在一定程度上导致资源破碎。很多农民觉得土地好像是自己的财产，虽然我们说土地是集体所有，但是在推进基础设施建设的时候很难。其实基础设施建设本身就是降低生产成本，但是因为地被占了，有一个公平的问题。你在推进过程中（农民）自愿是很重要的。种这点儿地不会有多少钱。产业结构调整很重要，但为什么难，就是因为资源破碎。

第二，资产沉睡。为什么今天的农民存在很多很大的社会问题？假如我外出务工10年、15年，积累了几十万、几百万元，我们西部农民有个现象，（会用挣到的钱）造一栋大房子，50万、100万建完了没有新的积累了，没有新的资金进入了，资产沉睡。

农村的发展需要解决上述两个问题，然而这些问题在马松看来不能通过招商引资解决，因为"如果企业来了，（农民）就变成给企业打工的了，土地流转费已经给你（农民）了，（农民）没有主人地位"。他说，农村的发展道路需要"让真正

的村集体组织成为主人,坚持自己的主人地位"。马松的思路源自他自己的成长经历:

> 我是农村长大的,整个农村发展艰辛我是深有体会的。农民再这样走下去,社会地位会很低。什么样的生活才是幸福的?尤其是今天的农民,他们真的很不幸福。他们都在单打独斗,任何一个风险他们都只能自己承担。因为这种大环境,他们没有信仰,有钱就踏实,但真正有钱也不幸福。真正的幸福是和谐、稳定,大灾大难面前有团结,(有)这样的社会环境。

对于如何增强农民的主人地位,解决"资源破碎""资产沉睡"的问题,创造团结的社会环境,马松认为就是要组织起来:

> 塘约就是统起来,管起来。管一帮人不好管,管一个组织好管。就像今天的塘约,精准扶贫怎么干,我去帮10个人可能不好搞,但我把10个人统起来帮组织的时候就好办。在解决农民的问题上,集中起来更好干。让有能力的人团结起来带领大家。农村人是朴实的,组织起来就没有懒汉,组织起来不养懒汉。如果是大锅饭,肯定有懒汉,但有效管理,就没有懒汉。

二、如何让土地从分散到联合

孟性学是塘约的老干部了，1993—1998年担任塘约村党支部书记，1998年后被镇里的企业办聘用。2015年退休之后被返聘回村，直接参与了塘约土地流转入社的工作。他介绍说："塘约村党支部过去也是先进支部。先进在哪里？就是镇里安排工作，塘约村是走在前面的，在过去，没有国家资金扶持，大家是真正的艰苦奋斗。"新中国成立后，塘约村第一任书记是石仲魁，石老书记在部队参加过抗日战争，是参军回来的；第二任书记是左进榆，左文学的父亲；第三任书记就是孟性学。孟性学还记得石老书记说，选人用人很重要，"选干部好选，选思想不好选"，思想在什么立场，要多方考察，不是一天两天、一年两年能看出来的。

虽然塘约有先进党支部，但是塘约的土地流转入社并不是一蹴而就、一呼百应的。塘约在2014年下半年开始筹划合作社，请县里农业组的专家来做土壤测试，由农推站从附近的乡镇引进浅水莲藕，决定尝试种植150亩。2015年合作社的土地只有60%是参社入股的，其余40%是通过土地流转得来的。从分散走向合作，孟性学说干部队伍的想法是："既然大户都能流转那么多土地搞出名堂，我们为什么就不能做呢？"然而，老百姓当时还有顾虑，他说：

> 老百姓还是不相信，要求量了土地之后先把流转费交

给百姓,老百姓才答应签土地流转协议。老百姓怕搞砸了,年底没钱找谁要?干部们下不下台、换不换届,老百姓都得吃饭。

村主任彭远科回忆,自家的母亲也有顾虑,担心土地被征走了:

> 我说,"母亲,把我们现在的塘约跟20年前我们打工那时候相比一下,你应该就知道了。"她说:"我知道好是好,但是我们的土地怎么办?"她担心土地被征掉了。我说:"这个不是你担心的,我们家靠种土地,包括你老人家种了这么多年,你能够给我们造一栋大楼房吗?没有。现在我们要集中起来,虽然我们的土地被征用了,但是我们把它集中起来抱团,把我们一产二产三产这些产业装上来(发展起来),解决我们下一代的就业问题,我们还要种什么土地呢?"我说我到沿海一带(看过),我清楚的,种土地的人不多了,(人们)每天都骑着小自行车上班的。

村委会有一个三个板块联合发展的愿景,打算建设三个基地:一个水果基地,一个苗圃基地,一个科技示范基地。当时村委会提出"水果上山,苗圃进地,科技进田",围绕这三个板块来发展村集体经济。然而村委会提出的愿景再好,老百姓需要看到实际的土地效益、前景才愿意加入合作社。彭远科等干部发起了一个动员：

> 我们首先拿一个村民小组先做，就是把丫关村民小组。我们去流转土地，老百姓不同意，不同意我们就晚上在村民小组开柴火会，烧起柴火堆，把村民召集起来，白天没有时间，晚上开会，给老百姓说清楚讲明白。我们说："想发展这个愿望是有的，但是支不支持我们村里这么做（要看你们），我现在给你们讲清楚，我们先行先试。"村民说来说去一句话："土地可以给你们，但是我们要现钱。"我们最后通过村民代表大会，约定（水）田700元，（旱）地500元，坡耕地300元，这样把土地先流转进来。

孟性学、曹友明见证了流转工作，他们介绍，在这一动员的过程中，塘约的村民小组干部和村干部带头拿出自己的土地流转给合作社，干部们也动员自己的家属、亲戚，把自己家的土地拿出来参与试验，同时动员其他村民把土地流转给合作社。仍然有个别村民不同意流转，左书记说实在不同意的可以保留一些插花地。同意流转土地给合作社的农户要求先丈量土地面积，村里用皮尺一块地一块地丈量，然后村民按手印确认。

三、谁贡献塘约第一桶金？

塘约合作社规划的150亩莲藕地，由农业局提供了30万元的莲藕种子，从别的乡镇引进。但是土地流转费用，种植莲藕需要支付的化肥、人工工资等费用从哪里来呢？曾是大队会计的曹友明还长期在镇信用合作联社（简称"信用社"）工作，2005年退休返聘回塘约，进入村委会。他对当时的资金筹备情况很清楚：合作社打算从信用社贷款120万元，但信用社当时不给贷。左书记是信用社的理事，在召开理事会的时候，他与信用社理事长商量贷款事宜。但是信用社认为合作社刚刚成立，还没有经济实体，贷款有风险。经过协调，决定由村里11位村委会干部以个人名义从信用社贷款，一起把钱贷出来。

对于11个村委会干部进行个人贷款、承担风险的过程，彭远科的讲述更加详细：

> 当时没有钱怎么办，村镇"两委"的班子成员到信用社，请他们帮助我们一下，能不能贷给我们一点儿款。信用社这样说了，"贷给个人可以贷，贷给集体我们不贷"。最后我们又组织班子成员来开会，我们11个班子成员个人贷款，下死任务，最低的8万元，最多的15万元，把款打到我们的村财务。我跟书记两个人带头，我们（一人）15万元，当时我们（11个班子成员）一共贷了114万元。后来又规定，一旦我们发展起来了，由村集体帮我

们把这个钱还了，如果发展不起来，我们亏了，我们几个人打起背包外出打工，去挣钱把这个还了，自己还自己的钱，不要给老百姓拖泥带水。

曹友明认为，从信用社的角度来看，因为塘约村集体有2000多亩的用材林，如果出现债务违约，可以向政府申请砍伐树木，用于还债，所以信用社也是看到了村集体有还债能力，才肯把资金贷给合作社，而不是仅仅基于村"两委"成员个人的信用。尽管如此，如果没有11个干部愿意承担个人风险，签字画押，信用社不会提供贷款，塘约就没有这用于起步的第一桶金。拿到贷款后，合作社首先支付土地流转费用，用彭远科的话来说是"给老百姓吃定心丸"。

第一次种莲藕，产量高的一亩达6000斤，一般的一亩也有4000斤，当年订单价格是每斤1.8元。到2015年，合作社盈利76.5万元，当年就给入社的社员分红。老百姓看到合作社有奔头了，那些没入股的就要求参社入股。

2015年，合作社流转了600多亩土地，再加上入股的1700多亩土地，总共2300多亩。因为体量扩大，村委会希望向信用社贷款500万元。信用社认为数目太大，塘约村村民大会讨论后，提议用集体林场做抵押，信用社还是不同意，只肯贷给村集体100万元。这时候村"两委"开会讨论怎么办，问大家敢不敢个人贷款，有些人对此有顾虑。最后4个村干部每人贷款10万元，共40万元。2015年合作社共投入200万元。2015年2300多亩地全部种植蔬菜，其中40%的土地种植辣椒，是承接的广西的订单。2016年年底合作社盈利202万元，贷款全部还清。

关于推动塘约村合作社实践的动力是内生的还是外源的，村主任彭远科是这么看的：

> 有些人问当时我们这个村是怎么做到的，我说就是我们的干部敢担风险、敢冒险。我们那时候没有什么政策，没有部门支持。到（20）15年的下半年以后，领导部门才来关注我们的，他们发现我们了，发现我们这个村的基层组织这一块是这么做的，然后才来帮助我们。

村党支部书记左文学认为政府帮扶这些外力可以让塘约发展得快一些，但首先是自组织：

> 我们（第一步）先把土地资源集中，第二步人的思想的集中，第三步才可能用第一步、第二步的条件，去推动农村的社会经济发展。所以我们决心也是下了，就是政府、社会、国家如果在后面有推手，我们就快一些，不然就慢一些。

四、谁的合作社？

农村社会常常有少数人的合作社（即少数大户组织的合作社），在我们参访塘约之前，也有人说塘约的合作社是村委会11个人的合作社，因此我们自然会问，塘约合作社是个什么概念，是谁的合作社？

对此，村主任彭远科毫不犹豫地回答：

合作社是我们全体村民的合作社。它不是11个人的。我们和老百姓一样的，也是土地入股。这个合作社是这个村的经济组织，是我们的这个班子成员分管的，村委会11个人是有工资的，这部分是在村集体的10%以内。

塘约村成立合作社以前，跟全国很多村庄有相似之处，是一个空壳村。全村3000多人中，外出务工的有1000多人，劳动力基本上全部外出打工。对大部分外出务工的村民来说，这也不是长远之计。

对其中有抱负的人，塘约的集体经济实践给他们提供了新的起点。

"70后"旦兴元是外出打工的村民之一。他1991年初中毕业，1993年去北京打工，在翻砂厂、建筑工地、生铁铸造厂都干过。1999年又去浙江慈溪炼铜厂打工，2012年去台州开叉车、管仓库，一直干到2014年。前前后后打工10多年,加上开了两年餐馆,但"没有挣到钱"。2014年底,他听说家乡发展比较好,就回来了,先在平坝区开了一年的餐馆,也没有赚到钱,因此回村做些砍树的零工。且兴元家里五口人,2017年才参加合作社,目前是硐门前村民小组组委会委员,也是合作社蔬菜基地负责人之一。

同为"70后"的彭远科,也曾在外打工。在塘约,他和左文学紧密搭档,还戏称这种合作关系是"夫妻关系"。我们到塘约调研的第一天,就碰到了彭主任,听他讲他的人生经历:初中毕业,1993年结婚,妻子是本地人,"家里也很穷",1996年他外出到浙江打工。2003年他中途回村盖房子,虽然在外面省吃俭用,也只存下10万元,另外借了15万元才把房子建好。2008年因为父亲生病,小孩上初中需要父母管教,彭远科就此回乡,当了6年村民小组组长,2013年换届时担任村主任。

彭远科的小侄子和小儿子顾及家里负担重,曾经想放弃读书外出打工,彭远科颇有体会地说:"打工不能去了,打工打到我这辈去了,你们不能去打工了,我知道打工不是什么好事,那是逼不得已的情况才到外面去。旧社会叫讨饭,现在我们叫打工。"说起自己曾经的愿望,彭远科说:"那时候的梦想很简单,就是造一栋楼房,买一辆摩托车,然后把小孩的上学问题解决了。那时候还要收学费,没有实行(免费)九年义务教育,从小学到初中小孩全部毕业,最后大的一个送去读寄宿学校。"今天彭远科的梦想不再围绕家庭经济,而是围绕村庄经济，他说：

> 大集体时期，毛主席老人家给我们创造了这么一点，就是抱团起到的作用，把支部建在连队。我们今天是村集体，我们叫作基层党组织，也是连队。我们村集体发展地方经济，我们的本钱只有一样，就是我们的土地，你怎么盘活土地，怎么实现这个土地利用最大化，形成市场经营经销，你要靠土地，在土地上做文章。

对大多数村民来说，尤其是妇女和年纪大无法外出找活儿的男性村民，塘约的合作化最直接的是提供了土地入社分红和就业机会。在塘约村的杨家院组，组内有一半人靠合作社实现就业，这些大多是妇女和年龄大些的男性村民。男性在合作社干活的，多是操作农机和除草。组内一般人每年有5万~6万元收入。劳动力强的人，一个月最少能挣3000元。这些人是可以做大工的，比如水泥工，每天挣250元；如果做小工，收入是每天110元起。组里有两户得到了合作社股份赠送：一户是独生子女户，得到奖励；一户是丈夫去世了，妻子供养着两个大学生。比如，一般一股分红是六七十元，这两户一股可以得到150元分红。

第三节　金土地合作社的组织与管理

一、合作社概况

在 2017 年我们调研时，塘约已经基本实现全民股份制，921 户农户的全部或部分土地入了合作社，他们成为股民。合作社通过股东大会确定 500 元占一股，水田折价为 700 元一亩，旱地 500 元一亩，坡地 300 元一亩。

至 2017 年 7 月，塘约金土地合作社一共 5800 多股，全村占股份最多的一家有 10 股，最少的有 2 股。合作社全部是土地折价入股，不允许资金入股。股份可以继承，但不能够转让。2016 年，有村外的人想投 5 万元钱入社，合作社没有接受，以防资金进来稀释合作社的股份，把盈利分走。2017 年，还有村外的人想购买塘约村的土地，合作社要抱团发展，也没有接受。合作社现在一共有 7 个蔬菜种植基地和一个正在建设中的蔬菜大棚，面积加起来有 1720 亩。除了蔬菜基地，还有 1600 亩果树基地，种李子、石榴、核桃等。

塘约村党支部领导着金土地合作社的发展与治理。邱大海、张昌友、杨定忠和杨天胜四个村党支部委员会委员分别兼任合作社的副理事长、理事和监事等。合作社主要从事蔬菜、花卉、水果和绿化树木的种植销售，也开展鸡、鸭、鱼、鹅等养殖销售，为成员提供必要的农业生产资料等。在项目实施中，村"两委"领导合作社理事会开展项目选址、入户动员、协定协议、签订协议、协议具体实施等，监事会负责全程监督。

塘约村近年加强了基层组织建设，提高村"两委"成员的主动性和积极性。村"两委"成员通常在每周五的下午5点钟开例会，迟到会被罚款。在例会上，相关人员要汇报财务和账目收支情况，当前各自工作完成情况，等等。另外，成员们还要一起讨论和分配下周工作任务。之后，各成员就去田间地头或工地脚踏实地地开展工作。成员如果连续3周都没有完成正常的工作任务，就不能继续担任村干部了。

合作社还设意见箱和公示栏各一个，每周收集一次意见及建议，由村"两委"监督执行，对发现违规的成员，给出处理意见；内部财务结算每月一次，项目进度及账目收支情况每月公示，财务报表每季度公示一次，且上交合作社主要负责人及村委会分管领导。

二、合作社结构

塘约村金土地合作社下设有三个专业队，分别是农业队、运输队、建筑队，还有妇女创业联合会、红白理事会等。不过，目前只有农业队是独立核算的经济组织，村集体从中提取30%的经营利润。村里的运输和建筑业务会优先让运输队和建筑队承接，村集体还会给他们无偿介绍村外的业务。妇女创业联合会、红白理事会等是公益性的组织管理平台，村集体会给它们一些经费。塘约村只有一个会计和一个出纳，实行账目、资产和资金等的统一管理。

农业队主要承担种植蔬菜的任务。农业生产中的种植品种由村"两委"召开会议讨论决定，成员们会根据市场情况和本地土质等生产条件考虑种植哪些品种的蔬菜。他们还会根据以往经验等考虑如何卖个好价格，如何规避市场风险，并规定每种农产品的亩产量、成本费用和保底收购价格等指标，下达任务时通常结合实际情况取中间数。目前，农业队的日常管理主要由罗光辉、唐从富和张老五负责，他们负责对各个农业基地进行检查考评。其中，罗光辉负责统筹管理，目前主要在抓山东寿光基地的建设。唐从富负责生产技术，他几乎每天都要下地检查各种农作物的生长和病虫害情况。张老五负责销售，掌握市场信息，对接20~30个经常联系的客户，开具收购、销售票据。

塘约村金土地合作社的销售团队现在已经有十来个人，之前，合作社专门派人去贵阳蔬菜批发市场了解蔬菜买卖情况，学习如何销售蔬菜。合作社在当地的种植规模是最大的，货源有保证，旺季基本每天都有蔬菜销售，可以降低收购方的运输成本。现在合作社的蔬菜供不应求，基本不愁销路，很多菜早就被抢购了，收购方经常买不到菜。合作社既可以把蔬菜卖到超市，也可以卖给学校等机关、单位。目前，收购合作社蔬菜较多的是贵州供销社办的贵农网和一个私人菜贩，学生营养餐供应商的需求量不大。收购方一般对接批发市场和超市，不会直接卖给消费者。蔬菜流通的差价大，例如一种蔬菜的收购价是每斤 7 角，卖到批发市场每斤就是 1.1~1.2 元，消费者购买每斤就需要支付 2.5 元了。不过，目前合作社的一些蔬菜生产供应不稳定，只能供应当地市场，不能销到安顺、贵阳等地，也没有条件直接对接批发市场或超市。合作社种植羊肚菌已经两三年了，一直通过电商平台卖给消费者。羊肚菌亩产 200 斤左右，新鲜的每斤卖 100 元，干的每斤卖 1000 元。合作社会烘干了再卖，提高其附加值。2017 年，合作社平均每月销售额 10 多万元，一年中有两个月没有蔬菜销售。合作社正打算通过轮作，调整种植结构等，使各种蔬菜有计划地上市，解决蔬菜销售存在空档期的问题，保证每周都有新鲜蔬菜销售。

目前，合作社下设七个农业基地。每个基地是按地片划分的，每个村民小组都有一个农业基地，村民都有在所属片区干农活的机会。每个基地面积为 150~200 亩，最大的莲藕基地将近 200 亩。此外，还有香菇和羊肚菌的种植基地，后者有七八十亩。合作社对各基地实行统一用种、用肥、用药等，并统一销售和发放工资，但不统一管理。农业基地的日常管理承包给本村的村民，承包管理者与合作社签订协议，每人可以管理 50~80 亩基地，他们实行包产制，须保量完成任务。除村支书、村委会主任和年龄大的几个村干部之外，7 个村干部各负责一个基地的监督管理工作，监管基地的除草工作、病虫害防治状况、蔬菜销售情况等。

农业生产基本实行的是企业化管理，市场化运作。各个基地承包管理者一般自己承担运送农资、垄厢等重体力活，种植、采摘等则请当地村民干，通常是按天计算报酬，如果需要加班，就得额外支付加班费。承包管理者每次记好干农活的村民数量、姓名以及所干农活的种类、时长等，上报给合作社，合作社每月会按相应标准发放工作报酬。在地里干活也不能迟到早退。男性一般操作农机、除草等，妇女一般负责种植、采摘蔬菜等。

农业队的管理人员和基地承包管理者会经常碰面，统一思想。他们每周四晚上7点召开例会，讨论和记录农业生产中的问题，如有问题不能及时解决，可以在次日召开的村"两委"会议讨论。承包管理者必须严格按照合作社的要求组织开展蔬菜的种植、管护、采摘等工作。每种蔬菜的每亩种植株数都有统一的要求，施肥和喷洒农药要根据技术员的要求做好相应记录，剂量不能随意变动，以保证农产品的安全。田间管理需要精耕细作，要及时除草、排灌水，准确反馈生长、病虫害情况等。因为来塘约村的参观者逐渐增加，合作社特别要求对观光大道旁的蔬菜基地及时除草，以维护塘约形象。

农机服务队成立于2015年，为合作社提供农机服务。土地集中之后，合作社需要平整土地，建设成片的农业基地。由于附近没有大型农机，合作社先后购买了4台大型拖拉机、9台小型农业机械（旋耕机、开沟机、垄厢机等），总价值为五六十万元。购买农机获得了部分资金补助。

购买机器之后，合作社又召集村民学习农机操作。现在合作社一共有7个农机手，年龄都在35~50岁。大型农机由农机手负责操作，为各个基地服务；小型农机配备给基地承包管理者使用。农机手拿计件工资，翻挖一亩地得100元，油费和机器损耗费都由农机手承担，以减少公家机器的不合理损耗。每个农机手每月要在合作社出工十四五次，净收入大约2000元，完成任务之后也可以承接外面的农活，平均每月总收入3000元左右。

合作社统一为工作跟机器有接触的农机手、装卸蔬菜的村民等20个人购买了保险。农机服务队队长负责农机的维护和维修。今后，合作社可能还会考虑把农机按折旧价卖给农机手。

在合作社成立之前，塘约村的部分村民就购买了货车搞运输。合作社成立之后，村里搞建设带来不少运输业务。于是，合作社就组建了运输队，有车的村民可以参加运输队，承接村里的运输业务。合作社现有大中型货车50辆，运输队队长会对运输队的车辆进行统一调度管理。村里的运输费一般都按每立方米11元计算。为了保证公平，运输队一般会安排车辆轮流运货。另外，运输队还可以以集体或个人的名义在外承接运输业务。运输队没有留存利润，开中型货车的月收入1万元左右，开大型车的月收入2万~3万元。

此外，合作社现在正在与招商局引进的深圳的一个电子厂合作，在村里修建简易厂房，承接该厂的来料加工。合作社还计划开办毛衣针织厂、木材交易市场、食用菌加工厂和养猪场，以解决村民的就业问题。合作社的妇女创业联合会也尝试着组织妇女们从事家政服务，却发现难以组织起来，因为村里的多数妇女不好意思从事家政服务工作，也不愿意做。

合作社开展的项目较多，成员们在基础设施建设等方面干得热火朝天。合作社一般会优先考虑让班子成员或村民承接工程或施工任务，但也会把一些项目对外发包。相关负责人会预估工时、费用等，如果觉得请外村人更划算，就发包给外村人。不过目前来看，合作社还是不能完全避免经营风险，比如2017年合作社200亩葱的种植项目就亏本了。

三、合作社的激励机制与盈余分配

兼顾公平和效率向来是管理中的难点，塘约村金土地合作社的激励机制与盈余分配既注重了公平，又基本上兼顾了效率。注重公平，一是指村"两委"班子成员与在基地干农活的普通村民的收入差距不大，他们的年收入为2万~3万元；二是几乎所有人都面临考评，而且是民主测评，相同岗位工作人员拥有同样的机遇。兼顾效率指合作社对日常管理人员和基地承包管理者的激励比较明显，管理得不好的可能会被扣除部分管理费，管理得好的还可以额外分得超产收益的70%，这能够激励他们积极为合作社创造效益。

2016年之前，合作社多数工作人员领取每月2400元的固定工资，全体人员的奖金由村民民主评议，针对个人工作情况，投票表决，分上、中、下三等。2017年之后，合作社采取一些公司化的运作方式，开始实行成本核算，加大对工作人员的激励，除运输队队长等人每月领取2400元的固定工资之外，合作社日常管理人员、基地承包管理者等都按绩效领取工作报酬，这激励有能力的工作人员努力创造效益。通过成本预算，合作社可以计算出各个基地的种植成本和其他费用。比如一个面积为100亩的基地，合作社根据种植计划估算出需要多少种子、化肥、农药和人工支出等，年底再按照实际成本进行核算，节省部分归基地承包管理者，超出预算的部分也要从其收入中扣除。

合作社的日常管理人员罗光辉和唐从富要对所有基地的运营负责。他们的基本工资是每月4000元，年收入上不封顶，获得与效益最好的基地承包管理者一样的收入。销售人员在保底收入之外还有提成。

合作社要求各个基地承包管理者严格按照要求管理，一般会优先解决农业生产中的问题。如果合作社的计划、决策等出了问题，由此造成的损失就由合作社承担。如果基地承包管理者没有严格按照合作社的要求管理，由此造成的损失就由基地承包管理者承担。基地承包管理者领取绩效工资，其收入与其基地的效益挂钩。产量达到规定任务，就可以得到每月每亩40元钱的管理费；超产部分就和合作社按7∶3分成，即70%的超产收益归基地承包管理者，30%归合作社。例如，合作社规定每亩香葱的产量要达到 3000 斤，超过 3000 斤的超产收益基地承包管理者和合作社就按 7:3 的比例分成。

村"两委"班子成员、合作社的日常管理人员和基地承包管理者每月最多可以预支 2400 元的工资，年末绩效考核决算之后再多退少补。

基地承包管理者常常会邀请熟悉的村民来干农活，干活的村民一般不会偷懒，多数村民觉得不好意思偷懒。之前，请村民在基地上干农活是按天计算工钱。2016 年村民每天劳动 8 个小时，工钱是 80 元。2017 年村民每天劳动 11 个小时，工钱是 90 元。2017 年之后，合作社可能会逐渐采取计件制等方式，例如，辣椒采摘就按采摘的重量算工钱。合作社也可能会按照土地面积（亩数）来计工，或采取定时包工的方法。总的来说，做工管理严格了，用工就减少了。

塘约金土地合作社的盈余分配比例是 3:3:4。盈余的 30% 归合作社，主要用于购买肥料、种子等生产资料，支付管理费、人工费用等，以保证其正常生产及扩大再生产。30% 归村集体，主要用于村里的公益事业，其中的 2/3 储存起来用作风险保障基金，余下的 1/3 和统一纳入集体收入的政府拨给塘约村四个村干部的工资，用于支付村"两委"班子成员和聘请的服务人员的工资等。红白理事会服务人员的年总工资为 10 万~20 万元，6 个保洁员每人每月工资 1000 元，每年工资总额为 7.2 万元。合作社盈余的 40% 用来给村民分红（二次分配），以保证他们的利益不受损。2016年，合作社盈利202万元，年底分红了80多万元。

第四节　塘约村的组织领导与民主管理

塘约村今天所取得的一切成就，归根结底源于把农民重新组织起来。对此，左文学书记深有体会："中国农村组织化程度比较低，农业要素比较散，因此要有一个精神焕发的村庄，要解决组织化程度比较低、农业要素比较散的问题，必须要组织起来。"

一、左文学带出了一个强有力的领导班子

农民的组织化确实非常重要，但农民的组织化是一件非常困难的事情。中国传统社会的农业几千年来都是以个体小农经济为特色的，一家一户就是一个生产和生活单位，农民能够形成的组织，基本局限在家族、宗族的层次，属于低水平的社会结合。新中国成立后，建立了农村集体经济制度，把农民组织了起来。今天，经历了40多年的分田到户和市场化改革，部分农民又回到分散状态，农民的集体观念受到冲击，农村社会的分化也导致利益主体多元化、利益结构复杂化，村集体想把农民重新组织起来，面临的困难会更多。在塘约村的实地调研

中我们深刻感受到，塘约村之所以能够把农民组织起来，关键在于有一个坚强有力的领导班子。

对集体经济村庄有所关注的人都知道，南街村、华西村、刘庄等比较成功的集体经济村庄，无一例外都有一个德才兼备、具有很高威望的领袖人物，在其带领下形成一个坚强有力的领导集体。塘约也不例外。塘约的村"两委"班子很团结，村支书左文学就是这个班子的核心人物。左文学非常有能力，他家原本经营着一家木材加工厂，每年的收入在50万元左右，在当地属于先富起来的人。左文学又有很强的使命感，他不满足于个人的发家致富，想带领全村百姓实现共同富裕。作为村支书，左文学在公共事务上投入了大量的精力，经常是一大早就出门，半夜才回家，自己加工厂的业务也顾不上。他做事的能力赢得了群众的信任，他的牺牲奉献精神感染了周围的人，这些品质让他成为一个值得信赖的"大家长"，具有很高的威望。

村主任彭远科原本在浙江打工，懂技术、会管理，已经可以获得不错的收入。他被左文学动员加入村委会，工资待遇与之前完全不能相比。彭远科说："我们要是为了钱就不会选择当干部，我们就经商去了。真的想挣钱的话根本就不会想搞这个事情。当这个干部我说的第一是公心，第二是奉献精神。"

合作社的罗光辉，原本是当地建筑工地的小包工头，妻子在家种辣椒，夫妻两个人一年的收入加起来少则七八万，多则十几万。2014年，村里成立合作社的时候，罗光辉并没有加入,但他经常去合作社了解经营情况。左文学书记希望合作社种植辣椒,并希望罗光辉能够加入合作社。对此,罗光辉夫妇有些犹豫。罗光辉说:"我老婆担心合作社土地面积太大了,有点儿担心我的技术管不过来这么多土地。另外老婆担心孩子念高中缺钱花,进入合作社之后收入会变少。"但是,左文学个人的精神让罗光辉决定加入集体的事业。罗光辉说:"我看到我们支书,和我岁数一样大,他自己有个木材加工厂,生意都做到山东去了,但是搞了合作社,也没有精力去管,他把自己的精力奉献给塘约。所以他第二次跟我说我就加入进来了。虽然加入合作社我的收入减少了,但是能够带大家一起富起来。"

合作社技术总监唐从富,原本是村里的种植大户,种植香葱等经济作物已经有十几年的经验了。在合作社成立之前,他个人经营着大约150亩的土地,种植香葱、香菜、香芹等蔬菜。他的性格很开朗,结交很广泛,积累起一个比较大的销售网络,因而他的产品基本不愁销路。同时,他又特别用心钻研技术,还积累了丰富的管理经验。左书记动员他加入合作社,带领村民共同致富。对此,唐从富刚开始有些想不通,顾及个人利益得失。这时候,他的妻子对他说:"别人都在为集体做事,你为什么不去呢?"在妻子的支持下,唐从富毅然加入了合作社,负责技术指导。

塘约村"两委"班子中,绝大多数成员都有外出务工经商的经历，在当地都属于见多识广的人。这些人都非常佩服左文学的才能和人品，因而团结在他周围，一起为塘约村的发展贡献自己的力量。

二、干部的考评和管理

塘约村"两委"干部一共有11位，但镇里只给塘约村4个村干部发工资，分别是：村支书每月1800元，村主任每月1600元，合作社理事长和副理事长每月各1200元。按理说，这些补贴是给个人的，但是，为了班子的团结，这四位村干部并没有把这些工资归为己有，而是统一起来放进村里的账户，年终的时候统一核算分配。

塘约村建立了严格的村干部考评制度。塘约的村干部是没有节假日的。村委会在每个星期天的下午5点钟开例会，例会上要对上一周的工作情况进行总结，对下一周的工作进行部署。各项任务要分配到具体的人，如果能够按时完成，就打钩，如果没有按时完成，就打叉。如果连续三次没有完成任务，村干部就要自动离职。由于村支书、村主任以身作则，发挥模范带头作用，这一制度能够很好地贯彻实施，而不是沦为形式。此外，塘约的村干部工资与年终考评挂钩，从而形成了激励机制。塘约的村干部年薪以3万元作为基数，年终的时候村里按照积分对干部进行考评，并按照考评结果向干部发放工资。塘约对村干部的管理实行三级考评制度，首先是921户村民对村干部进行考评，其次是党小组对村干部的考评，第三是村"两委"班子成员对村干部的考评。总共分值是100分，按照年薪3万元的基数，平均下来就是每分300元。年终考评拿到90分，工资就是2.7万元。村干部如果年终考评出现60分以下，就要被取消干部职位。

塘约的村"两委"班子非常具有组织性和纪律性。在塘约调研期间，我们有幸现场观察了村"两委"班子的一次例行会议。约定的开会时间是早上8点钟，村支书左文学和村主任彭远科提前10分钟就到了会场。7点55分，已经陆陆续续来了八九个人，还有两三个人没有到，于是有人打电话催促还未到场的干部，强调开会的纪律和时间观念。8点零2分，需要参加会议的11名村"两委"班子成员全部到齐了，会议正式开始。能够在约定的时间准时赶到，准时开会，这本身就是一件并不容易的事情。在村"两委"的会议上，左文学强调，班子成员在思想上和行动上都要团结起来，形成合力。成员之间要进行明确的分工，定了什么工作一定要把它完成。正是靠着这种纪律，塘约村改变了许多村干部和村民懒散的状态。

塘约村对党员的管理也很严格。每月月末会召开一次组织生活会，"三会一考"，党员的积分考评基数是每月10分，全年满分120分。年终考评80分以上的党员会得到一定的奖励和补助，低于60分的不合格，连续3年不合格的，将在党支部大会上受到劝退处理。

塘约的村"两委"班子特别重视村子风气建设。在2017年我们调研期间，塘约村正在热火朝天地搞建设，工程建设需要用到挖掘机，村里有3个村民自己有挖掘机，就想参与村里的工程。让村民参与工程建设，从中获得收入，本来无可厚非，但这3个村民凭借自己本村人的身份，盘算着"近水楼台先得月"，试图垄断这项工程。他们要求的挖掘机租金是每月4.2万元，而外来的挖掘机租金是每月3.6万元，所以合作社请了外来的挖掘机施工，而没有用本村村民的挖掘机。为此，其中一个村民很不服气，把进出工地的路给堵了。

这种无理取闹的行为，在很多地方的农村是非常普遍的。在很多村子，村干部遇到这种事情往往会妥协退让，息事宁人。而塘约的村"两委"班子却并没有退缩。在村"两委"会议上，左文学书记义正词严地强调："一个3000多人的村子，绝不允许无理取闹的两三个人乱搞，（我们）对这件事情必须严肃处理，绝不允许有人无理取闹，绝不纵容姑息，绝不怕得罪人。塘约走到今天，是我们班子（能够）公平公正公开。以后遇到这样的事情，班子成员不能软弱。"

村"两委"开会讨论后决定，对这位村民进行批评教育，让他检讨自己的错误，写检查并在村民代表大会上念出来，要让代表们通过才行，否则就要将他列入黑名单，不能享受村里的各项福利和服务。正是由于塘约村有个坚强有力的班子，各项工作才能始终走在全镇前列。

三、财务管理制度

塘约村在发展的过程中,已经建立起相对完善的财务管理制度。据曹友明介绍,每一张发票都要有经办员、民生监督员签字。除此之外,1000元以下的要有村主任签字,1000~5000元的要有村支书和村主任两个人签字,5000~10 000元的要由村"两委"开会核定内容和金额是否合理。10 000元以上的发票报销必须通过财务转账,不能领取现金。曹友明作为财务监督人员,每个月统一核对一次票据。

塘约村的建设和发展涉及农资、建材等生产资料的大批量采购,以及农产品的销售。物资采购和产品销售这两项活动,对人员的政治素质要求很高。对此,塘约村制定了一整套流程。采购商品要向几个商家询价,由业务员向村"两委"汇报,然后由村"两委"开会讨论决定。此外,塘约村还成立了民生监督小组,一共有3个人,组长杨天胜,相当于纪委书记,杨天胜是苗族人,为人很本分、质朴,因此得到大家的信任。杨天胜带领的民生监督小组对采购过程全程监督,他如果不拍板,采购就不算数。

四、努力落实民主管理

坚强有力的组织领导使塘约村的村集体具有很强的行动能力,能够集中资源,抓住机会,加速发展。然而,权力的集中也会产生风险。民主和集中之间的矛盾是集体经济村庄都要面临的重要问题。在很多集体经济村庄，村务不够公开透明，管理不够民主，削弱了村庄的团结，甚至导致内在的矛盾和冲突。那么，塘约村能否避免这种状况的出现？如何在加强组织领导的同时，把民主管理真正落到实处？对此，塘约村的做法是把村民小组组长、村民代表等人员充分动员起来，一起参与集体决策，努力做到村务公开透明。

在塘约村的各个自然村中，每15户选出一名村民代表，村民代表负责联系这15户家庭，把村里的政策、规划传达给村民，把村民的意见、建议传达给村"两委"班子。村民代表和村民小组组长的职责是监督行政村村干部，在村民会议上提出意见和建议。年终每个村的村民代表一共有5000元的误工费，村民小组组长工资基准是一年4000元，这些都是基数，具体数额要根据年终的考评进行调整。村民代表和其他村民监督村民小组组长。每次开会，村民代表给村民小组组长打分，村民也要给村民代表打分。每个月加总核算一次分数，年底再算总分。

鸡场坝村民小组一共100多户，400多口人，属于塘约比较大的村民小组。2016年，杨佑雄被村民选为小组长，这是村民小组全体村民一人一票选出来的。另外，村里每15户选一个村民代表，一共7个村民代表，杨佑雄也兼任村民代表。如果村民认为村民代表不合格，可以向小组长反映，再由这15户重新选举村民代表。村民小组组长要参加塘约村的村委会，村委会主要讨论村里的发展规划、项目等重要事项；村民小组组长会后召集村民代表开会，再由村民代表把信息传达给自己联系的各家各户。自然村的会议一周至少召开一次，多的时候一周三次，一次会议一般三四个小时。会议比较容易组织，村民都能按时参加，村里不需要给他们误工费。因为大家思想觉悟比较高，觉得这是安排村里公共的事情，不是为了个人利益。

张贵芳从2015年开始当石头寨小组长，之前当了10多年村民代表，他说：

> 现在忙的时候，一个月村里要组织小组长开五六次会。每次上面有政策，或者在村里开完会，我就要回小组开小组组委会议。除我之外，我们组的组委会由8个村民代表组成。组委会议要传达村会议内容，比如当时上面定下"红九条"，我就回组执行。

杨家院小组的村民代表杨成凯告诉我们：

> 党员、小组长和村民代表每月要开两次会，每次要3~4小时，差不多是大半天时间，补贴10块钱。这10块钱相当于一包烟钱，对我这个年纪的人算是可以，但对年轻人就不划算了（耽误了一天工）。会上主要是讨论发展，一句话，把塘约建设成美好乡村，还讲分工，分成建筑、蔬菜等（议题）。大

家有意见可以提，也可以监督。

塘约村的会议很多，村里的大事小事，都尽量在会议上进行民主讨论，然后进行集体决策。

五、存在的问题

塘约村基本做到了将坚强有力的组织领导和严格落实的民主集中制相结合，但也存在一定的问题。在发展初期，塘约村的项目多数属于小型项目，没有很高的门槛，村民基本能够参与进来，提出自己的意见和建议，而随着塘约村的快速发展，很多大的项目投入进来，动辄数百万元甚至上千万元的投资。这些大的工程项目或者发展规划，涉及许多专业知识，已经超出普通村民的理解能力。面对这些项目，村民很难发表自己的意见。对于村务，村民也很难进行有效的监督，村里的发展成为少数人的事情。正如一位村民代表所说的："对他们谈不上监督，你只能提下意见。村财务那些，别说我们，小组长也不清楚，会上不会报告，不晓得他们内部。村（民）代表起不到什么作用。"另一位村民也反映，村里的重大事项都要召集村民代表商议，村民代表可以提出反对意见。但像建设蔬菜大棚这样的产业发展项目，是由政府主导的，投资也是政府出的，村里只是出了土地，这样的事情就不在村民代表会议讨论的范围。

对此，左文学书记也已经认识到，并在想办法着手解决：

我们对农户的引导还没有一个助推，没有一个力量帮助他们跑起来，他们还在慢慢地走。前天我把副书记叫来，做一个方案，成立一个三人的宣讲团，宣讲塘约道路未来的发展，要让我们的村民看到希望，要能够催人奋进，激发我们村民的紧迫感、使命感。但是要解决这个问题，要达到这个效果，必须做好两个事。第一，要做好宣讲；第二，要开展活动。（2017年）8月1号后我们就开始做"四爱四美"的活动。四爱是"爱国、爱党、爱村、爱家"，四美是"语言美、心灵美、环境美、行为美"，评出最美的塘约人，最美的塘约家庭，最美的塘约教师，最美的塘约小学生、中学生、大学生。用4个月的时间，到12月份在广场集中村民，那时候体育中心都建完了，召开全村的行动大会，对这些最美代表进行表彰，给他们一些鼓励。昨天（在2017年8月的一天）专门做了一个方案，还没研究，要研究有什么缺点，形成一个正能量。把"四爱四美"做好后，我们成立三人宣讲团，到每个村民（小）组宣讲，11个村民（小）组11次宣讲会，这就可以达到促进村民使命感和紧迫感（的目的）。

不过，基于这个回答，我们也可以看到，左书记的沟通思路主要还是从干部到群众的输出，还没有解决从群众到干部的输入问题。或者说，左书记的考虑偏重到群众中去，而从群众中来还没有得到同等的重视。

第五节　红白理事会

塘约村的另一个壮举是通过成立红白理事会，纠正了村民红白喜事大操大办的风气。近几年，全国各地民政部门都在号召在农村建立专门的村民组织，引导村内红白喜事的操办，减少铺张浪费，刹住奢靡攀比的风气。但不少地区积重难返，村委会难以作为。塘约村是如何成功引导村民生活积极改变的？对红白喜事大操大办之风的纠正与塘约的集体经济之路又有何联系呢？

一、吃不完的酒席

根据红白理事会负责人孟性学的介绍，塘约村从2000年左右开始刮起"大办酒席"之风，不少村民借此敛财，酒席的名目之多令人咋舌。除了婚丧嫁娶，当地村民还兴办"满月酒"、"状元酒"（庆祝孩子考上大学）、"迁坟立碑酒"（不同于白喜事，是为搬迁坟墓或立碑专门办的酒席）以及寿宴等。全村一共900多户人家，每年有300户会办酒席，村民们几乎每天都有酒席吃。

当时村子很穷,但百姓频繁地办酒席,通过办酒席敛财。办一次少的能收8万~10万元,社会关系好的、交往广的能收20万元。

据村民回忆,村里大概从2002年开始办酒席成风(这正好是大家开始出去打工的时候)。有些人从外面打工回来盖房子。房子盖第一层,办一次酒席,盖第二层,再办一次酒席,加个厢房又办一次酒席。盖一栋房子要办几次酒席,办酒席就得有人去帮忙做饭,这样就把村里的劳动力都消耗在这里头。大家不是在去吃酒席的路上,就是在吃酒席。

虽然是贫困村,当地村民给酒席主人家凑的份子却很高。与主人家关系一般的,份子是一两百的"起步价",关系亲近一点的则是几千元的"友情价"。如果是亲兄弟、亲娘舅这种关系的,则是更高的"亲情价"。这样的礼钱让之前生活都存在困难的村民负担很重,据塘约村谷掰寨的小组长魏贵林介绍:

> 送礼最少送100元钱,上不封顶,我一年要送4万~5万元钱的礼。贵州人攀瓜藤亲,走得宽。即使我不认识你,但我家小姨认识你,我也要送礼祝贺。以前办的酒席多,升学、修房、迁居什么的都办酒席,上班、打工的请假都得去,到场送礼吃席,有的还得花钱请人替工,不然下次你家办酒(席)就没人来。每餐至少19个菜。一般

家庭每年送礼得花费3万多元钱,贫困户一年送礼也要送一万五(千元)左右。没钱送礼就借,砍树、卖猪来还钱,有的甚至不得不去贷款。

更糟糕的是,酒席上的麻将、扑克等具有赌博性质的娱乐项目也给村庄和村民的家庭带来不良影响。孟性学严厉批评了这种现象,并认为村干部有责任对其进行纠正:

> 你在外面打工挣了五万八万,却因为办酒(席)交礼钱花完。不仅酒席太多铺张浪费,酒席上还有人赌博。从平坝县城可以租麻将机,还有人玩扑克赌。有的在煤矿打工,一天挣300~500块,觉得钱来得很容易,回来在酒席上就赌博,把钱输光。家里人没钱用,(他)回去了家属跟他吵架、打架甚至闹离婚。还有赌输了的回去(搞)家庭暴力,打老婆孩子。这个我们就得管。村官上管天下管地,左管生男育女,右管夫妻吵架。你不管事,当官干什么,老百姓投你票干什么?

跟孟性学一样,不少村"两委"的干部都认识到了这样的事实:大操大办红白喜事不仅给村民增加了负担,破坏了村庄和谐,办酒席投入大量的人力也消耗着村庄的劳动力资源。这一切都不利于塘约村的脱贫和集体经济的发展。于是,村"两委"开始下决心对这一现象进行整治。

二、移风易俗

2014年,塘约村成立"红白理事会"(当时称为"老年协会")着手研究治理本村大肆办酒席的方案。协会的七位成员来自村中的"五老",即退休老师、退休村干部、退休国家干部、寨老、族长;他们在村中德高望重又有丰富的群众工作经验。最初,红白理事会寄希望于上级政府,却发现此路不通,有成员说:"我们把这个想法提交给镇政府、区政府,但是办酒席是乡风民俗,又不违法,政府没法管。后来我们老年协会就自己制定方案。"

经红白理事会与村"两委"、各村民小组代表反复商议后,治理办酒席的第一份方案于2015年6月以致村民的公开信的方式发布。这份方案的主要原则是将办酒席从单个农户的私事提升为村集体的公事:村集体对什么情况下可以办酒席、如何办酒席等各种具体事宜做出明确规定,并且对村民办酒席进行审批和补贴。

具体来看,方案的内容有三个方面。一是限定了办酒席的情形、时长和规模,避免村民滥办、大办酒席。公开信发布后,只有新婚的红喜事和直系亲人去世的白喜事两种情形才被允许办酒席。之前的状元宴、搬迁宴、寿宴等一律禁止。公开信规定红喜事只能办两天,白喜事一般不超过5天。同时,所有酒席应尽量控制在40桌之内。二是确定了申报—审批原则，即所有农户在办酒席之前必须向红白理事会提出申请，经审批后方可进行。三是"个人办酒、集体补贴"。所有通过审批且未超标的酒席，厨师、餐具、桌椅等均由村集体聘请的"酒席服务队"免费提供，村民自己只需负责食材。村集体按照规定标准对酒席服务队进行劳务补贴。每次的红喜事补贴为800元服务费，白喜事补贴为1800元服务费。酒席超出40桌者，每超出一桌缴纳15元的服务费。酒席超过规定天数者，每超过一天缴纳500元的服务费。

可以看出，红白理事会对酒席的限定依然考虑了村民的传统习惯，没有大幅度削减酒席的天数，并且允许个人根据需要增加酒席规模和天数。实际上，民意对红白理事会规章的制定依然相当重要。治理办酒席的第一个方案实行了一段时间之后，酒席服务队提出补贴标准过低，而村民则认为40桌的限制标准有些严苛。红白理事会于2016年6月对之前的方案做出调整。一是提高了对酒席的补贴标准：每次红喜事补贴1600元，白喜事补贴3000元。二是将规定的桌数上限由40桌提高到50桌，超过上限每桌自付的服务费提升至20元。三是规定了每桌菜品的限制：红喜事每桌为"八菜一汤"，材料费不超过120元；白喜事则为"一锅香"，即不同的菜放在一锅煮，材料费不超过80元。从2017年7月开始，村集体也补贴老人去世后的抬棺、建坟费用。截至2017年7月24日，已有两户村民享受了此待遇，其中一户村民获得补贴6500元。

三、"红九条"

"山难移，性难改"，移风易俗并非易事。哪怕有村集体的慷慨补贴，一些村民依然要违反规定滥办偷办，甚至不惜"乾坤大挪移"，把酒席办在城里。针对这种现象，红白理事会有自己的应对方法：

> 有村民不听，一定要办。我们说我们去把你酒席的菜端了，端去老人院、学校做营养餐。还有老百姓跑城里办，我们跟平坝区沟通，区里说管不了，我们就自己去管。当然你去还是要给人家留面子的，客人都已经来了，你也不能把菜都端走，让人家没的吃。

纠正大办酒席的撒手锏则是塘约"红九条"。"红九条"于2015年年底颁布，列出了塘约村民需要遵守的九条行为规范。其主要目的是激励全村村民参与公共事务，从多方面配合村"两委"的工作，早日把塘约建成"美丽乡村"。"禁止乱办酒席、铺张浪费"只是其中的一条规范，其他八条包括：参与公共事业建设，缴纳卫生管理费，贷款守信，按规划建房屋，积极配合村民小组的工作，执行村"两委"重大决策，奉养孝敬父母，管教未成年子女。凡是有人违反以上九条中的任何一条，

将以户为单位被列入"黑名单"。进入"黑名单"不是闹着玩儿的,而是要承担一些后果的:

> 村委会不给你开各种证明,比如:学生入学需要的证明;国家有任何优惠政策不给你享受;不给你家的小孩子办户口。要从"黑名单"下来,就得自己认错,写检查,知道自己滥办酒(席)不对。然后有三个月考察期,村民小组考察合格,经过小组长签字才行。

针对严重违规的农户,比如2016年到城里办非红白喜事酒席的两户,理事会执行"红九条"的规定,当年停发了这两户的危房改造补贴。理事会的说服教育、现场监管加上"红九条"并行,起到了良好的效果。村里大肆办酒席之风在2016年年中得到控制,鲜有违规办酒席的农户。

四、集体与个人的良性互动

谷掰寨小组长魏贵林曾给我们算过一笔账:

> 村民罗某的父亲2013年过世,(白喜事)5天时间共花了8万多元,持续到腊月二十九才结束。共有700多户送礼,(罗某)共收了14万多元。每天一餐最低20桌,一天两餐40桌,最多一餐办了90桌,流水席从下午4点

吃到晚上8点。每天有200~300人来帮忙，如果误工按每天（每人）100元计算，间接损失每天就是2.5万元（左右），总的就是10多万元。光购买5元钱一包的香烟就用了1万多元。如果以现在的标准从简办，估计最高花4万元钱，至少可以节省一半的钱。

塘约村能在几年的时间内帮助村民移风易俗，通过对办酒席的治理，减轻村民经济负担，释放更多劳动力参与生产建设，其经验值得学习。这当中的核心内容乃是集体对村民生活的合理干预。原本属于个人生活的办酒席阻碍了集体经济建设，影响了社区和谐，于是集体出面干预，将办酒席列为村委会的管理内容之一。

2016年村集体对全村红白喜事的酒席一共补贴了24万元左右，补贴来源于合作社盈余集体留存的部分。大部分村民从不理解逐渐转变为支持理事会的工作。魏贵林谈道：

有几个从福建那边打工回来的年轻人，有一次说要来村委会找红白理事会的人谈一下。我开始以为他们想到村委会（闹事），但后来他们跑过来说很支持村里对红白喜事的改造。他们还问我们钱够不够，要用自己打工的钱支持我们做这件事。因为之前他们打工，经常接到家里电话，说又要去吃酒席，让他们把礼金打回来。我们现在做的事也帮他们减轻了负担。

从推动移风易俗的互动中，我们可以看到"两个统一"。一是村民与村集体利益的统一，或者说是双方权利与义务的统一。集体向村民提出要求，出台规章制度，监管村民办酒席，同时也出资补贴村民。村民遵守规定，才有资格享受集体的补贴和村"两委"的其他服务。二是集体经济和集体对个人生活合理干预的统一——个人办酒席的补贴得益于集体经济的发展，合作社盈余归集体的部分是每年补贴村民办酒席的资金来源。

更重要的是，通过规范和补贴村民办酒席，塘约村的村集体和村中上千户村民在日常生活中发生了联系。当村委会为村民审批办酒席事宜，安排酒席服务队去村民家服务时，每户村民都能切切实实感受到自己作为集体的一员应当履行的义务，以及能够享受的权利，开始萌发"集体认同感"。"集体"对村民来说不再是一个抽象的、遥远的、模糊的概念，而是看得见、摸得着并且关切自己生活的实体。村集体和村民也在增加的接触中有了更多的沟通机会，扩展了政策制定时的信息收集渠道。这一切都有助于村庄凝聚力的发展，有助于协调全村行动规划，发展集体经济。

塘约红白理事会的另一个重要经验是坚持与群众协商，保持制度弹性。塘约村"两委"与红白理事会并不是单方向地下发行政命令，而是不断与村民互动协商。七位有丰富经验的红白理事会成员，在制定方案之前不断与各村民小组的代表进行商议，才将方案细化到酒席的天数、补贴金额和原材料的成本限额等层面。方案实施一年后，根据群众的意见，理事会对酒席桌数上限和酒席服务队的补贴标准进行了调整，从而在避免大办酒席、铺张浪费的前提下，更好地满足村民的需要。虽然"红九条"以黑名单的形式制约违规村民，但其中仍有制度弹性：其一，上黑名单并非永久状态，村"两委"对各类证明、政策优惠的停办只是暂时的。经过反省符合条件的农户可以从黑名单上下来。其二，"红九条"依然发挥了基层村民小组的民主监督作用，是否能下黑名单由村民小组评议决定。

第六节　外援的作用：塘约的建设和产业项目

不管是有关塘约的报道，还是我们实地参观的感受，都反映出塘约的各项建设及产业项目正进行得如火如荼，宽敞整齐的道路和亮丽的村居让人惊叹。一个村子何以有如此能耐？这果真是国家投钱重点打造的一个形象工程吗？是否具有复制推广的可能？针对这一问题，盲目猜疑是没有用的，我们单刀直入，向多位村干部了解情况。

据村主任彭远科的说法，塘约是2015年下半年才受到政府关注的，在这之前"没有什么政策，没有部门支持"。负责村财务监督的曹友明也说："塘约村出名之后，各种项目多了起来。"我们可以推测，塘约获得的各项建设扶持是在2015年下半年才陆续进入的，在这之前，塘约获得的是一般灾后救助和其他普惠政策。不可否认，塘约受到比一般村庄更多的关注，也获得了很多资源。但一项研究如果不详细梳理、探察这些扶持的性质以及外援在塘约的发展中所起的作用，就得出塘约村是面子工程、不值一提这样的结论，那么它不仅不具备做研究应有的负责任态度，更是直接否定了塘约村自身主体地位的存在。

我们从 2014 年水灾开始，对各项政策和资金扶持做了一个梳理。这些信息主要来自曹友明和合作社理事长丁振桐。曹友明以前是大队会计，2005 年返聘回村负责村财务监督，这个长期与账目打交道的老干部，已经养成对数字的高度敏感性，村内产业和基础设施项目投资在他的分条列举下变得清晰起来。而丁振桐直接负责各项产业项目的接洽。

一、灾后重建

水灾后，安顺市政府划拨 40 万元救灾款，用于村路和庭院硬化，还为村民提供了可供食用三个月的大米，并支持部分房屋的"穿衣戴帽"外观美化工程（"穿衣"是指粉刷外墙，"戴帽"是指统一加盖瓦顶）。更多的灾后援助资金则来自塘约所属的乐平镇，是从小城镇建设经费中拨出来的，用于支持"棚户区改造项目"。乐平镇书记马松谈到了自己争取这笔经费的原委：

整个塘约被洪水冲毁。市委书记问要什么东西，村民说要材料，自己干，感动了书记。（我）第二次来（村民）就全部在修路。我就用了"棚户区改造项目"，把塘约纳入小城镇计划。我允许你们抓紧修，两层半，外面景观整治我来搞。你们（村民）投30%，政府投70%。（这是）艰苦奋斗、自力更生的真实写照。它（塘约）和你们走过的美丽乡村不一样，档次很低，但这是精神的体现。政府一户人家投入2万多（元），（共）2800多万（元），村办公室、广场、停车场、通道，都是这个项目。

用这2800多万元，塘约村完成了村居外观美化，村广场、停车场、通道的建设和办公楼重建等大型工程。算一笔账，如果按一般做法发包工程，用5000万元都做不下来。马松这样解释："为什么这么便宜？因为劳务都是村里自己解决了。只有大家共同努力才能做到。要做到这些事情你们自己必须参与进来，降低我的风险。"

而"穿衣戴帽"并不是投钱就能干起来的，还涉及说服动员老百姓。丁振桐说：

这个每个村都有，只是看你是否实施得下去（能否动员群众愿意自己出30%接受房屋美化，愿意出钱接受房屋改造的村民要签一个承诺书）。虽然老百姓（把）承诺书签了，但政府考虑到塘约当时刚刚受灾，塘约的30%就免收了。

"穿衣戴帽"不仅仅是投钱亮化村居，塘约更借这个项目整治了村容村貌。这不仅涉及个人与集体利益的冲突，也关乎旧习与现代化改造的矛盾。我们从曹友明那里得知整个过程对村集体组织的挑战：

> 第一期项目既"穿衣"又"戴帽"。但是由于"戴帽"的资金投入较大，第二期工程改为只"穿衣"不"戴帽"。但是没"戴帽"的村民想不通，村里就负责解释、做工作，告诉村民这是政府投资的项目，也是政府做的决定。整个工程由镇政府的村建所从外面找来工匠，所需资金由区财政负责，村里负责村容村貌的整治，其中涉及一些村民私搭乱建的猪圈、牛圈等等，需要拆除，这个需要村干部做大量的动员和协调工作，说服教育村民。
>
> 多数村民是配合的，也有少数村民不配合。彭家院、李家院、杨家院，这三个地方拆迁阻力比较大，有些拆不动的房屋，左文学书记亲自带头来拆。村民不愿意拆除，一方面是认为这是自己的财产，另一方面是因为这些拆迁也涉及自己家的厕所。拆迁、拆掉村民的厕所和猪圈后，村里为村民建设了公共厕所，距离有些村民家庭100~200

米。但是由于村民的素质不高,公共厕所的管理存在困难,脏乱差现象比较严重,一个月以后公厕就不能用了。厕所里放的公用卫生纸也被娃娃们私自拿走了。为了解决这一问题,村里安排了保洁员进行打扫。

当论及政府项目投资的时候,我们往往只看见钱的投入,而忽略了这类公共建设和改造对村民生活观念甚至私有意识的冲击。且不论这类现代化的改造是否真正切合村民和集体的需要,毋庸置疑的是,这需要一个承担所有动员、协调工作的主体,而且也只有这一主体存在,才可能保证政府的资金真正为民所享。

二、修路

近年来贵州着力投资水、电、路、房、通信等基础设施建设,交通方面提出"组组通",通组公路硬化以县为单位,采取"整乡推进"方式实施。按照政府的普惠政策,机耕道、农村公路都是先建后补,先由村负责建设,建成后向政府报销。据曹友明的说法:

> 塘约村修建26公里机耕道,平坝区扶贫办负责硬化。这个(条)机耕道是先由塘约村修出毛路,扶贫办再进行道路硬化。修建毛路需要请(雇用)挖掘机,去年(2016

年）只挖（掘）机的费用就20多万元。机耕道预计造价每公里25万（元），先由村里垫资，目前扶贫办究竟能够给多少经费村里还不知道。这个道路硬化的工程也是村里要求要自己施工，向政府保证能够保质保量地完成，最后由政府验收。修路占用村民的土地，由村民小组划出，村里按照水田每亩700元、旱地每亩500元、坡地每亩300元的标准进行赔偿。

普惠政策是做道路硬化，毛坯路由村里自己负责，主要是协调征地、雇用挖掘机以及组织部分志愿工，不过人力用得比较少。如果村集体自己可以完成征地、清地、铺毛坯路等前期工作，不仅修路花费将因节省劳力和材料费而大大减少，而且项目实施起来也更快。如果村里迟迟修不起来毛坯路，道路硬化的完成将遥遥无期。所以光有政策还不行，还要看政策如何发挥作用；哪里具备条件，项目就往哪里走；哪里老百姓积极，政府就到哪里去。就这样，塘约村的不少道路实际上在2014年水灾之前已经完成了硬化。

一般情况下，道路硬化工程由政府直接发包出去，但是在塘约，修路都是由村里自己的建筑队来负责。为配合旅游业发展，塘约规划修建一条长9公里的产业大道，曹友明说这个工程被村建筑队争取来做了：

平坝区政府扶贫办已经先安排了150万元的经费，（工程）目前在施工。区和镇政府原本要求外地有资质的公司来承担这个工程，左文学书记与政府沟通，争取到了由村里自己施工，一方面可以吸纳村民就业，增加村民收入；另一方面，外面的老板来包工程也是要从里面赚钱的，但我们自己来承包，就可以节省一些人员、石料的开支，节省出来的费用可以给村里的11个干部开工资。

不只是村内道路，2016年国家出资修建的塘约至乐平的乐塘大道，也是由塘约出人工修建的。

三、蜂拥而至的产业项目

目前塘约的产业项目分两种：一种是政府引进的项目，一般政府只提供部分资金支持，其余是靠银行贷款，建设的项目越多，村里自筹的钱就越多；另一种是外来公司以股权融资，按合约规定，塘约村集体必须占大半的股份，出土地、劳力，对方出资、出技术。项目头几年交给公司运营，让对方把成本收回来，以后按股份分红。

在塘约通往乐平镇的路口，最显眼的就是一个正在建设中的现代化蔬菜大棚。建这个大棚，村里需要负责划出土地、平整土地、打水泥、做护坡等前期基础建设，政府提供50万元，村里负责10万元。除了种植大棚、观光棚外，未来还要建设冷藏、配送、物流一体的产业链和深加工基地，这部分都需要靠融资完成。而本应2016年完工的大棚，直到我们调研时（2017年）也没有完工，因为负责建设的公司偷工减料，大棚质量不合格，无法正常使用。

这些项目至调研时都还没有投入使用，但很显然村集体未来面临不小的风险。由政府牵头引进的巨型项目可能超出村集体的掌控能力，山东大棚建设遇到的挫折就可以说明这一点，因为项目带来的风险是需要村集体自己来承担的。那么塘约如何把控风险呢？塘约能利用好大量涌入的政府和外来公司的大型项目，掌握发展的主动权，而不为外来力量所牵制吗？左文学书记特别强调了几点：

> 我们和农村信用社有战略合作协议，资金必须要（有）保障，我们贷款限额全县最高，利率全县最低，我们现在贷款多少都不是问题。但我们要考虑这个钱要产生更大的效益。1500（万元）拿来能挣多少万元？如果做不好，这个钱我们是不拿的，不允许风险扩大。因为贷款3个月以上就需要付息，所以我们如果觉得这个钱8~10个月赚不回来，就不贷了。
>
> 基础建设我们不贷款，而（关乎）一产、二产、三产融合的时候要贷款。比如我们的蔬菜深加工，11月份就要投入使用，另外我们的接待中心大楼，5层、1200万

（元）投入，这些运营我们就要贷款。这些建成了就是资产，我们不怕（贷款），运营起来是有效益的。

村主任彭远科详细讲述了跟山东某公司的合作细则，说明村集体有把控发展主导权的意识：

我们跟山东某公司，成立一个农业开发有限公司。我们的土地入股，他们技术、市场入股。第一年是我们给他（们）做，但要派我们的专人队伍进去跟他（们）学习技术，第二年我们按股份分配利润，第三年照样，第三年满以后他（们）走人，我（们）技术队用我（们）自己的人管理。所以现在我们用他（们）的技术来带动我们村民就业。

（市场方面）我们埋伏了"地下党"去学习，他（们）不是去里边打工，（我们）是安排有公心的、有素质的、有思想的人，跟他们并肩作战。

村"两委"班子的大多数人都出去打过工，去二、三产业发达的浙江沿海地区，十几二十年的打拼练就了他们面对市场经济的精明和才干。尽管如此，面对这么多动辄上千万元的项目，如何才能把产业搞起来并为民所用，是对他们真正的考验。

四、"要政府帮，不要政府包"

左书记这样看待政府的扶持："要政府帮，不要政府包。"他认为政府包办会把村里人包懒，包坏。而发展最重要的因素是自身的动力，是好不容易组织起来的村"两委"班子和村民。有政府帮，村就发展得快一点儿，不然就慢一些。左书记敏锐地看到，政府在行政架构下的帮扶很可能帮倒忙，个别项目可能只顾局部，不顾整体、长远的发展，会影响村子的持续发展。于是，塘约请五所院校——贵州大学、北京大学、中国人民大学、贵州大学美术学院、贵州农业职业学院的老师组成智库，为村庄做规划设计，希望有切合自身状况的长远发展规划。5年后有收益了，塘约会将纯利润的20%给智库。

曹友明也认为发展要有自身的动力，如果没有自身的动力，外面怎么支持都没用。他还讲了一个故事：

> 政府给了塘约村很多的资金和项目，其他村子没有得到这些支持，有的村也会有意见，去镇政府闹，镇书记马松对他们说，"如果你们也有塘约村这么一个硬班子，敢于拼搏探索，能把村民组织起来，我们也照样支持你们"。结果，其他村子都无话可说。

外援不是塘约实践的核心，更不是全部。在一些大型产业项目和基建项目纷纷上马的同时，村集体仍然在合作社的农业生产上投入了大量精力。据我们所知，除了2014年初创立合作社时期农业局提供的价值30万元的莲藕种子，他们并没有太多的外援。我们可以确定，塘约的内在动力在整个发展过程中起着重要作用，但是内外之间的张力也始终伴随着塘约。即将上马的几个大型项目采用与外来公司合作的方式，虽然几年后村集体可以按股份分红，但村集体能否抓牢发展的主导权？能否保证项目的利益为所有村民所享？塘约无疑对外来资本、政府的帮扶是非常谨慎的，他们尝试找专业机构做规划以保证掌握主动权，但是在主流市场的汹涌浪涛下，塘约能否凭此安然发展并获得竞争优势呢？加上受仍在不断变化着的内部矛盾和张力影响，摸索一条真正切合塘约的发展道路，其过程必然是艰辛曲折的。

第二章
嘎措乡：雪域高原上的人民公社

第一节　走进藏北"无人区"

嘎措乡位于西藏自治区那曲市双湖县北部，辖区面积2.74万平方公里，平均海拔高达4900米，曾经被称为"生命禁区"。从双湖县再向北，沿着一条2003年建成的颠簸的沙石土路，穿行70多公里，翻越广阔的高山草原，一路所见是地鼠野兽、河湖雪山，偶尔路过一两个放牧点，牛羊成群，忙碌的牧民在帐篷里烧火切肉，做酥油，做酸奶……给苍茫的草原增添了一点烟火气息。

嘎措人民公社成立于1976年，目前共有123户，578人，分布在两个行政村——玛威容那村（简称"一村"）和瓦日香琼村（简称"二村"）。全乡共有71名党员，3个党支部。2017年底，全乡存栏牲畜34 456头，包括牦牛、绵羊和山羊。

1982年，西藏和全国其他地区一样解散了人民公社，但嘎措按照70%社员的投票意愿，保留了集体经济，至今是全自治区唯一还实践人民公社集体经济制度的乡镇。牧民以村为单位共同拥有草场、牲畜和其他生产资料，村集体对劳动分工进行统筹规划，社员的劳动和收入分配主要采用工分制。

嘎措人均收入水平历年在双湖县7个乡镇中名列第一。2016年，嘎措人均可支配收入18 494元，远高于那曲地区（那曲于2018年4月正式撤地设市）农村居民8638元的人均可支配收入，也高于同年西藏各地级行政区农村居民人均可支配收入。

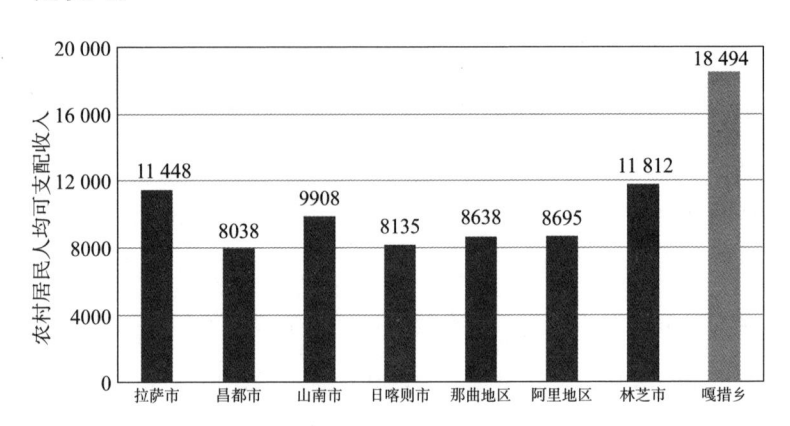

**图 2.1　2016年嘎措乡与西藏各地级行政区农村居民
人均可支配收入对比图**

资料来源：《西藏统计年鉴2017》，中国统计出版社，2017年

历年来，嘎措不仅继承了人民公社时期自创的集体劳动管理制度，而且还从实际出发不定期地更新制度内容。

第二节 白玛书记与嘎措人民公社的前世今生

1974—2002年,白玛一直担任嘎措人民公社书记,他为嘎措乡的发展奉献了自己的一生。老书记身材高大,眼神深邃,虽略显消瘦和憔悴,但语气坚定,思维清晰。他的双手因常年劳动而显得格外粗壮。坐在客厅沙发上向我们叙述过往的时候,他黝黑的皮肤上映着夕阳的余晖,仿佛印证了他曾见证过的光辉岁月。

1942年,白玛书记出生于申扎宗(现那曲市申扎县),家中有三个孩子,两个姐姐和他。除了60只绵羊和山羊,家里再没有其他牲畜。姐弟三人从小就给有钱人家做帮工,母亲也在别人家帮工,"用现在的话说就是保姆、下人"。那时有钱人家的牲畜极多,光羊就有1000多只,而穷人给有钱人家干活只能挣一点点钱,有时候还没有钱。

谈到解放的意义,老书记说:"解放前95%的劳力都要贡献给有钱人家,只有5%是给自己的。解放后完全不一样了,多劳多得,自己在村里、乡里干的工作,干多少得多少,工资都是自己的,不用再给别人当奴隶。"农奴的翻身不仅是经济上的,老书记还强调,"解放前没有法律,有钱人拥有无上的权力,穷人则没有任何政治权力;而解放后穷人想说什么就说什么,不用再看有钱人的脸色"。他说,解放后大家才感受到幸福生活的滋味,"如果没有中国共产党,我们穷人应该没法活到今天，当时病死、饿死、冻死的遍地皆是"。

1963年，老书记开始参加工作，担任村里的兽医。1970年左右，申扎县成立了民主改革委员会，他当选为副主任。1973年，白玛如愿加入了中国共产党，他坦言："加入共产党就是为人民服务，这是党的原则。入党后我能为老百姓做的都做了。"1974年，申扎县开始组建人民公社，由于老书记任职期间认真负责，受到过很多表彰，工作表现得到上级肯定，因此他直接被任命为嘎措乡党委书记，负责嘎措人民公社的筹建。

1976年，为缓解畜草矛盾，老书记遵从上级安排，带领60多户群众，离开海拔较低的申扎县，搬迁至藏北无人区，也就是今天的双湖县嘎措乡。无人区廖无人烟，搬迁前，人们难以割舍故乡。尽管如此，老书记仍然带领着大家，历时三年，长途跋涉，完成了搬迁。

这次搬迁是嘎措群众，也是老书记一生中最艰难的岁月。老书记回忆，搬迁的时候，家里所有东西都要装在牛的肩背上，全部装好就用了一个月左右，之后大家开始长途跋涉，老人孩子都是靠自己走，水和火都很不容易找到。在搬迁路上，有的人受伤了，有的牲畜丢了或者病死了，但那时候大家没有心思去想辛不辛苦，只觉得活着最重要。

到了目的地，还是无人区的嘎措没有一间房，也看不到一个人。刚搬来时，大家对水源还不熟悉，有的水源有毒，不经过勘探确认的话，牛羊和人饮用都会有生命危险。从1976年扎根嘎措至今，老书记和嘎措群众花了40多年，才兴建了现在居住的房屋和100多个放牧点。不难想象，搬迁过程中有多少艰难困苦，尤其需要大家团结互助，同舟共济；历时三年的艰难岁月更锻造了老书记守护集体、奉献嘎措的决心，也让嘎措群众对集体的力量有了切身体会。

在近40年的工作生涯里，白玛书记还在那曲地区的尼玛和双湖两地担任过更高级别的职务，但他将大部分精力都放在了嘎措的工作上。在组建嘎措人民公社之初，百废待兴，老书记回忆，那时候工作条件很差、很艰苦，领导也没有车，再远的路都只能靠自己的两只脚走，就算病了也一样要工作。人民公社筹建起来后，全乡所有的牛羊等生产资料都集体化了，个人的收入按工分多少，而不是财产多寡来分配。当时一个工分是七八毛钱，2017年则是44元。

1982年，正当全西藏人民公社纷纷解散，落实家庭联产承包责任制时，上级也派来工作组向嘎措牧民群众宣传和解释新政策。在公社解散还是留存的问题面前，老书记选择让群众自己做主决策，最终嘎措群众以70%的票数比例决议：保留人民公社和集体经营方式。老书记告诉我们，当时有一个悲剧对大家触动不小：有一年，一个放牧点遭到狂风袭击，许多羊连同奋不顾身救羊的放牧员都被刮到了湖里。这让大家更加深刻地意识到，在经常性的自然灾害面前，一家一户的力量是渺小的,只有团结起来,依靠集体的力量,大家守望相助,才能共同发展。

第三节 高原上的牧业集体经济

在生产上,嘎措的劳动分工和管理都是依据全乡统一制定的《工分细则条例》(共254条)来进行的,但两个村各自独立核算。(见图2-1)草场、牲畜等生产资料为村集体所有,集体以按劳分配、劳动均衡为原则进行管理和分配。每年年末,社员们根据自己全年的工分从集体获得现金分配和包括奶制品及牛羊肉在内的实物分配。酸奶和燃料(牛羊粪)则分别按人均和户均分配。嘎措的集体制度从一开始就实行男女同工同酬。

集体制度不仅让社员多劳多得,而且还能保护生产者和生产资料,维护社员与生产资料的紧密联系。比如,如果集体的放牧点上有社员突然病倒,集体可以当天换人,既让病人养病,也使牲畜能继续得到看护,两不耽误,这是集体制度的优势。如果同样的情况发生在个体户身上,则可能是另外一番遭遇。那曲的草场有九成已经承包到户,如果个体牧民在放牧点上突然病倒,那么他就陷入了两难的选择:要么放弃自己看病就医的机会,要么放弃看护牲畜,因而损失甚至失去生产资料。在藏北草原上,如果牲畜无人看护,两个小时后,它们就可能走失，或可能遭遇野兽的袭击。

在分配上，集体会兼顾社员养老、医疗、教育等方面的需求。对于缺少劳动力的贫困家庭，集体会把他们的主要劳动力安排在工分比较高的岗位上；对于有长期病号的家庭，集体会尽量安排他们的子女学习兽医、驾驶等技术，以增加这些家庭的未来收益。与其他闻名全国的集体经济村庄相比，纯牧业的嘎措乡有它自身值得称道的特点：

第一，依靠自身的劳动力，以内需为导向。嘎措产出的牛羊肉、酥油、酸奶等产品大约70%用于满足本乡牧民的需求。

第二，针对牧业自身的特点，发展出一套精准的按劳分配制度，兼顾劳动均衡原则，既保证了大多数人的劳动效益，也能惠及部分劳动力弱势家庭。嘎措还首创为牧民提供"退休"的基本保障，同时也使他们能积极安排老年生活，继续参与力所能及的劳动，发挥余热。

第三，探索出了一种"各生产组长监督组员，村干部监督生产组长，所有村民监督干部"的循环式民主治理模式。其中，尤为突出的措施是村干部的收入由全体村民来评估和决定，将群众监督干部落到实处。

第四，既兼顾集体生产的生态化，同时也坚守周边的生态环境保护。嘎措乡地处羌塘国家级自然保护区腹地，北跨可可西里国家级自然保护区。牧民们保持着传统信仰和祖辈放牧的方式，从不轻易给牲畜施用疫苗或兽药。集体也极为严格地维护草场和周边生态的可持续性。根据国家权威部门测试，嘎措的草场资源可畜牧 21 万只绵羊单位，但是嘎措的畜牧总数保持在低于 5 万只绵羊单位，而且为保护草场，嘎措实行了严格的轮牧时间表。

与此同时，嘎措乡的人文环境也非常和谐。2017 年，嘎措没有一起纠纷反映到乡里，全年实现了全乡"零纠纷"。

党的十九大提出实施乡村振兴战略。在此背景下，如何发挥乡村集体守护和统筹协调公共资源的作用？如何使留守乡村的人们安居乐业、按劳分配？如何理顺基层的干群关系，使得干部愿意接受群众监督，把群众监督落到实处？我们在调研中发现，嘎措在坚守雪地冰川的生态保护上，在按劳分配的制度建设上，在平衡生产和再生产的需求上，在群众参与式的民主监督上，都有比我们预期的还要丰富的成果。

第四节　集体经济是"大锅饭，养懒汉"吗？

集体经济如何实现有效、精准地按劳分配是人们关注的问题。

虽然保留了集体经济和工分制，但在管理过程中，嘎措乡根据生产实际，不断总结经验，更新工分细则，逐渐形成了一套按牲畜数量、产品产量、产品质量记分的方法。这套方法包含254条工分细则在生产实践中的落实，有效防止了"大锅饭，养懒汉"的现象。下面我们将从村集体、生产小组和家庭这三个不同的层面来揭示集体的生产和分配制度是如何运作的。

1974年西藏成立人民公社时，嘎措是当时申扎县65个乡镇中最落魄的倒数第一的乡镇。为了缓解畜草矛盾，嘎措的牧民听从上级政府指示，当时在白玛书记的带领下，不畏艰难险阻，从申扎县徒步400多公里、历时3年搬迁到无人区，落脚在后来成立的双湖县所在地。此后，嘎措社员们齐心协力，在几年时间里摘掉了"落后贫困"的帽子。我们问白玛书记，当年帮助嘎措人民公社打了翻身仗的189条管理细则是怎么来的，是不是参考了全区各地的经验总结来的，他的回答有些出乎我们的意料：

完全是自己想的！那时候嘎措乡信息闭塞，跟外界没有联系，这些细则都是结合本地气候等实际情况制定的，没有任何参考，完全是自己摸索出来的。

一、集体经济如何立足于内需？

嘎措乡集体经济的主要特点是立足于内需，自给自足。两个村畜产品的大约70%用于满足社员们的需求，市场的需求是相对次要的。2014年，嘎措乡注册了"普若岗日牧业发展有限公司"（以下简称"牧业公司"），这几年开始对两个村的剩余畜产品进行统购统销，如对羊毛制品进行加工、销售，其中雪地靴等产品因物美价廉而广受好评，提高了村集体在畜产品上的收益。

值得注意的是，牧业公司销售畜产品时，并没有按照"靓女先嫁"的市场逻辑，把市场凌驾于内需之上。牧业公司出售的牛羊肉是三等肉，而一等肉则留给辛苦的社员自己，突显了他们立足于内需的原则。2017年一村按工分分给社员的黄酥油、白酥油、奶渣和肉分别占该村总产量的63%、95%、89%和72%，也就是人均分到4.81斤黄酥油、3.15斤白酥油、28.67斤奶渣和207.74斤肉。这些食品一般能够满足社员家庭的需求。如果有额外的实物需求，牧民可以向集体购买，价格则远远低于市场价，如肉类0.5元一斤。

年终时，村集体在计算出收支结余后，扣除下一年的预留资金和预算资金等，就得出可实际用于全村分红的资金，再除以当年全村的总工分，算出当年的工分值。2017年嘎措一村一个工分是44元，二村是43元。（见图2-2、图2-3、图2-4）

二、集体如何精准地按劳分配？

劳动分工和收入分配可以说是集体经济最重要的环节。在嘎措，劳动的基本组织形式是生产小组。每年3月份，村集体对社员进行一次最大规模的劳动分工，分工周期为一年，直到次年3月份为止。这次分工后，每4个月还会有一次辅助性的分工调整。

生产小组是否能公平有效运作，是否能体现按劳分配，是集体经济的关键内容。下面我们以一个牧养产奶牦牛的生产小组为例，来展示生产小组从组成到分工、评估、奖惩、工分记录直至分配的过程。

第一，形成生产小组。为了能够相互监督，只有来自不同牧户的社员才能组成生产小组。村委会为该小组划定轮畜草场，并提供各项生产工具。

第二，村委会对该小组提出基本的产量达标和奖惩要求，包括年底交牛数量，以及酥油、奶渣、牛绒的产量等。

第三，小组内要进行管理分工，比如谁负责安排具体生产工作以及考勤，谁负责酥油保管、过秤工作，等等。

第四，每日考勤。生产小组组长负责每日在工分手册上记录每个组员的出勤情况和各项劳动分，村委会指定的干部每月要到各生产小组走访一遍，做每月汇总。每个季度，村委会领导对工分记录做一次盘点汇总。

第五，年底验收。对小组全年的各项劳动分以及小组的产出进行总结，算出全组一年的总分（10分=1个工分）。

第六，小组把全组的总分分配给各组员。

在组内分配总分时，影响组员得分的因素主要有两个：实际在岗天数和贡献度，即平时的工作表现和责任担当情况。贡献度是小组民主讨论的结果。组长在小组中担当最多的责任，所以他的贡献度比其他组员略高。如果组里有人喜欢偷懒,或有人因为年龄小或身体不太好干活效率低些,那么开民主评议时,大家对他的贡献度的评价可能较低。

实际上,每个生产小组本身就是一个劳动合作社。这当中关键的是:村集体对各组的产出有一套全面而精准的评估体制,而组内分配方案是组内成员民主评议的结果,跟每个人的出勤情况和贡献度紧密相关。

三、以工代训,开展多种经营

2017年以前,有不少日喀则人在嘎措打工。20世纪80年代初,乡里从日喀则请来3位建筑工帮助建房,从那以后,到嘎措乡打工的日喀则人越来越多,像建房子、建畜圈、加工羊皮等一些简单的工作都是由日喀则人来做的,他们从这里带走畜产品,后来直接带走现金。然而,从2017年开始,来嘎措乡打工的日喀则人一个都没有了,时任乡党委书记冰酒说:"因为我们自己有双手嘛,这么简单的工作,又不用特别高深的技术。"2018年以来,乡里的牧业公司实行以工代训,嘎措乡牧民开始有组织有计划地学习加工、施工技术,自食其力开展多种生产活动,彻底告别了以往牧民"一直在嫌弃中长大"的历史,那时候"没人用我们的人,说牧民不会干活、懒、节奏慢……"。

2015年冰酒书记来到嘎措乡之后,接手了牧业公司,逐渐形成了以工代训以及以多种方式经营的运行模式。这一过程并不容易，从 0 到 1 的创业过程，需要多方面的条件配合，包括上级的项目批准、同行的竞争、人才的培养、风险的规避等等。用冰酒书记的话说："创业的过程很难，我们这里条件简陋，又没有专业技术人员，只能自己摸索，带着老百姓摸着石头过河。"2016 年是牧业公司盈利最多的一年，通过建设高标准畜圈（县里的农发项目），对全县畜产品（主要是羊毛）统购统销，以及通过年底的 140 公里公路（从双湖县到措折强玛乡）养护项目，公司一共获利 280 万元。在公司成立之前，嘎措乡老百姓只会放牧，不会手工，所有的穿戴用品，包括藏袍、羊皮制品都要花高价从日喀则商人那里购买。虽然嘎措自产羊皮，但大多数老百姓盖的被子都是买来的纤维制品，冰酒书记认为这是对本地资源的极大浪费。因此，自 2016 年开始，公司开展了多个以工代训的项目，包括建筑施工技能培训、羊皮羊毛加工、民族手工艺品制作等，通常的做法是从外地或外省的劳务公司聘请技术人员，一个技术人员对接 4 个嘎措老百姓，手把手传授技术。冰酒书记说："这么做主要是为了帮助本地老百姓以工代训，眼过千遍不如手过一遍嘛。怎么样培训？还不如直接聘请技术人员来教大家。"

以工代训优势十分明显，不仅吸纳了村里的剩余劳动力，还提高了畜产品的附加值，满足了内需。更重要的是，由于自治区出台新政策，要求海拔高于 4800 米的乡镇都搬迁至低海拔地区，嘎措乡也将不久后搬到山南贡嘎地区，而嘎措的群众世世代代以放牧为生，搬至农区势必要改变生活方式，因而提前学习放牧以外的其他技术实有必要。以工代训恰好为搬迁工作打下了良好的基础，为未来的嘎措乡培养了各类技术人才。在牧业公司参观时，我们看到共有 7 位嘎措的牧民在公司学习制作羊皮手套、护膝、毛毯、藏式卡垫等，培训师是从日喀则请过来的一位年轻人，每月工资 12 000 元，和当地人同吃同住。此外，公司还派遣两位年轻人在县上卖酸奶、卖羊肉、学习种菜等，开拓多种经营方式。（见图 2-5、图 2-6）

四、共同富裕的路上，一个也不能少

嘎措一村共有 72 户，2017 年有 54 个家庭投身集体劳动，领取了相应的工分收入。工分收入包括现金和实物，总体来看，54 户的户均工分现金收入为 13 678 元，人均为 7942 元，其中有过半家庭的工分收入都大于 3.2 万元。

在按劳分配为主的原则下，集体对劳动力短缺的家庭如何进行扶持？以一村的塔尔布一家为例，2017 年该家庭的工分收入为 17 325 元，在 54 户中属于最低的 20% 收入组。塔尔布 76 岁，儿子布日 50 多岁，身体不好，儿媳妇已去世，两个孙女都在上学。

布日是这个家庭的唯一劳动力，考虑到他的身体情况，村委会安排他参加了多种力所能及的劳动，这些劳动都不是重活儿，比如给弱势牲畜喂饲料、编织绳子和麻袋、看护出栏羊等，这些给塔尔布一家带来了将近300个工分。

除了劳动工分外，塔尔布家的老小还有福利工分。2018年起，嘎措55岁以上的老人都会享有40个工分的补贴，2018年以前的政策是男性60岁开始有补贴，以后每长一岁加0.7个工分，所以2017年塔尔布的老年补贴是51.2个工分。嘎措还给每个学生提供一年10个工分的学生补贴，塔尔布家有两个学生，因此有学生补贴共20个工分。

这样算下来，2017年塔尔布一家能够获得393.75个工分。因集体实行了劳动均衡原则，虽然布日的身体条件比较差，但在集体的安排下，他也可以从事力所能及的劳动。而塔尔布家的老年补贴加学生补贴，共71.2个工分，约占家庭总工分收入的18%。越是劳动力缺乏的家庭，劳动均衡原则和集体补贴对家庭收入的相对意义就越大，集体扶持对他们的重要性就越凸显。

第五节 一个没有"三座大山"的世外桃源

市场化改革以来，住房、教育、医疗等服务于社会再生产的民生事业，逐渐成为压在人们肩上的"三座大山"，而嘎措却在国家支持与集体兜底的双重保障之下，依托集体的力量，解决了民生难题。嘎措经验是，在集体力所能及的范围，民生事业相关产品都是公共产品而非商品，超出集体力所能及的范围，嘎措依托集体经济收支的分配与管理，通过抱团互助，抵御市场化给个人造成的高成本压力，从而为身处藏北无人区的嘎措老百姓构筑起坚实的生计安全网，也让嘎措在市场经济洪流中仿佛是一个世外桃源。

一、"小康小康，房子也要小康嘛"

从双湖县向北行驶70多公里，在草原深处一个偌大的湛蓝色湖泊附近，一排排整齐的藏式民房突然映入眼帘，这里便是嘎措乡一村，也是乡政府所在地。（见图2-7）自20世纪70年代北迁至此，嘎措牧民白手起家，这里从原来没有一个人、一间房，到如今已建成100多座庭院、100多个放牧点，以及仓库、商店、医院、学校、健身广场、养老安置中心等公共设施和空间——好一派社会主义新农村的景象！（见图2-8、图2-9）

早在20世纪80年代初，白玛老书记就带领牧民自己动手，建造房屋。尽管建成的都是土坯房，但嘎措牧民从此告别了常年风餐露宿的日子，开始了定居生活。虽然还有数十个放牧生产小组要逐水草而居，住在放牧点，但嘎措的两个村庄还是群众生产生活的大本营。留在村里的人，除了公职人员外，大都是老人、小孩、残弱劳力，以及从事畜产品加工、运输等其他工种的牧民。

2006年前后，西藏自治区启动农牧民安居工程，由中国石油天然气集团援建、西藏自治区建筑勘察设计院设计的藏式民房，分两期于 2007 年、2008 年先后落成，所有牧民都从原来的土坯房搬进了新的安居房。新房平均造价为每户 30 万元左右，除援建资金外，牧户自筹 10%，大约 36 000 元。考虑到当地高寒、大风、地震等自然灾害多发，所有安居房统一设计为抗震混凝土结构，外加一层玻璃光棚，兼顾采光和取暖。室内则按人口多少分 100 平方米和 82 平方米两种户型，每户加院落占地面积为 200 平方米左右。

当被问及嘎措为何能享受到安居工程时，冰酒书记略带谦逊地表达了个人观点：

> 感谢政府的援藏政策！一方面，嘎措乡作为人民公社是一个亮点，得到了当时县里珠曲书记等领导的重视；另一方面，嘎措乡从（20 世纪）90 年代末在人均收入上就实现了小康，那小康小康，房子也要小康嘛。嘎措乡人口和户数少、组织性强，所以上级政府以小康示范村的名义启动了嘎措乡安居工程，这才有了嘎措乡今天的新面貌。

我们从拉萨驱车赶往嘎措，一路也经过了一些相对发达和交通便利的牧村，但像嘎措这样集中、整齐、统一的新式藏房并不多见。在嘎措，新增牧民想要建新房需要办很多手续，选址建房需要经过村和乡两级同意，这么多年来，嘎措只出现过一两户私自乱建的牧民。如今,牧民们把过去的老房子用作仓库或晾晒场,来存储和风干牛羊肉等畜产品,可以说,这种集中安居不仅方便了牧民的生产生活,还大大节约了行政成本。比如要开一个国家政策宣传会,其他乡镇要费很多工夫,宣传人员要跑到分散的各个牧户居住点才能宣传到位,但嘎措吹个哨子就能在一两个小时之内把大部分人集中起来。

二、因病致贫?不存在的

嘎措地处藏北羌塘与可可西里国家级自然保护区之间,平均海拔4900米,自然环境恶劣,被称为"生命禁区"。当地群众说,旧社会的税官到双湖县以南的班戈县就止步不前了,他们形容那里是"天地相连的尽头,背上背的叉子枪都能划着天空咔嚓响"。①

高寒而闭塞的生存环境导致牧民容易患关节疾病,语言、精神等方面也容易出现问题,冰酒书记说:"高原疾病太多了!像关节疾病,在离乡政府二三十公里的二村,从山上下坡的时候刚好能看到村庄全貌,早上七八点钟的时候大家会出来倒马桶,你会看到好多都是残疾的,拐来拐去,像企鹅一样,那是最伤心的情景!"

如何应对严酷的疾病困扰与高昂的医疗成本,是嘎措一直

---

① 程云杰,唐召明.世界屋脊上坚守的游牧人家[J].中国西藏,2018(2):29-31.

面临的重大问题。北迁初期，乡里只有两名赤脚医生，1984年以后乡里才有了经过县级及以上地区机构培训的现代医务人员。1986年乡卫生所正式成立，逐步发展至今，基本能够缓解和治疗乡里牧民的一般疾病。牧民看病享受国家"新农合"政策，参保率为100%，除了建档立卡户、五保老人外，每人每年自缴部分交20元；看病所产生的住院费用全部报销，但门诊费、检查费、非报销范围的药品费等还需要牧民自己承担。因此，虽然"新农合"政策极大减轻了牧民的看病负担，但仅靠该政策仍然无法确保牧民有较为积极的就医意愿和良好的就医条件。

在此情况下，嘎措于2016年设立了集体公益性基金——医疗救助基金，用于兜底和填补国家政策优惠范围之外、需牧民自行承担的医疗服务与救助费用，包括不予报销的医药费，牧民看病的路费、住宿费等额外费用。医疗救助基金设立在乡政府财务室，经费来源一部分是乡政府向上级部门申请的专项资金，一部分是乡牧业公司的集体资金。刚开始基金一共有46万元，到我们调研的时候已花了将近20万元，所以当时乡里准备想办法再往里补贴一些资金，比如每年从牧业公司收入中拿出3%~5%放进基金中。书记说："不然的话哪天用完了就不行了。这两年，嘎措乡已经有43个老百姓通过医疗救助基金到拉萨和北京看病，还有驻村干部陪同，今年（2018年）年初就有8个牧民享受得益了。"

设立医疗救助基金的主要目的"一是减轻群众的资金压力，二是方便组织群众，有了这个基金后，乡里也不用担忧从哪里出钱或者怎么帮助群众了"。此前，为救助一个有心脏和肺功能疾病的孩子，乡里安排驻村干部陪同孩子去内地看病，在拉萨待了7天办好手续，又到北京找专家进行治疗，住了20多天，挽救了一条生命。即便是像关节炎这样难以治愈的慢性病，"乡里也组织过20位牧民去温泉进行疗养，费用都从基金报销"。

2016年的时候，不管是贫困户还是富裕户都可以申请医疗救助基金；从2017年开始，医疗救助基金优先病情严重的、贫困的牧民，去哪一级医院进行治疗需经乡里研究决定。

除了分担牧民的就医费用，集体还鼓励病人积极就医。很多牧民生病后的第一反应不是就医，而是忍，这一方面是因为看病本身的花费高，另一方面还因为看病所耽误的工分高。为打消牧民因看病耽误工分的顾虑，嘎措乡卫生所有上门服务的规定："如果不是特别严重的病患，我所竭尽所能到牧场看病，使牧民群众的身体健康和年终收入切实得到保护。"

嘎措牧民已经习惯把集体当作保护和依靠，"有事就找公社"。干部有时候一天要处理牧民的上百个电话，都是解决牧民在生产生活中遇到的难题。新闻报道中记载过这样的案例：嘎措乡牧民顿珠江才在放牧时，突然腹部疼痛难忍，自己硬扛了一阵仍没有好转，他联系了村集体，村集体立即更换放牧人员，并在第一时间安排人陪他前往拉萨进行手术。"如果没有人民公社这个大集体，也许我的小命早没了。"聊起这件事情，顿珠江才庆幸不已。①

三、读书，仿佛是集体安排的一项"任务"

集体经济的优势还体现在教育扶持上。2018年，嘎措乡在校学生人数达132人，包括幼儿园25人，小学54人，中学37人，职校4人，大学12人（本科11人、研究生1人），占总人口的23%。其中，九年义务教育阶段入学率为100%，这一点嘎措在20世纪80年代就已经做到，而县里其他乡镇到今天都无法做到。这是因为在其他乡镇，如果家里劳动力少，那么家长更倾向于让孩子放羊而不是上学，从而分担全家的劳动压力。但是在嘎措，集体对教育事业非常重视，书记说："集体不会分配劳动任务给学龄儿童，适龄儿童必须要去上学，只有完成九年义务教育后，才有资格来集体接任务、挣工分。"

为鼓励上学，集体还给每名学生提供一年10个工分的补助，仿佛读书是集体安排给学生的"任务"一样。除了工分补助外，地处偏远的嘎措还为在外读书的学子提供交通帮助，比如只要有三个以上的学生要去拉萨上学，或者放假从拉萨回乡，乡里都会派车免费接送。而其他乡镇就很难做到这一点，最多送到县里。

---

① 扎西班典. 双湖县嘎措乡："不毛之地"上的小康蓝图［EB/OL］.（2015-08-05）［2015-08-05］.http://cpc.people.com.cn/n/2015/0805/c397848-27416737.html.

在二村，德庆旺姆（村妇联主席）的父亲被县里树立为教育典型，因为这家出了几位大学生。德庆旺姆有三个哥哥，两个妹妹，两个弟弟。德庆旺姆在拉萨的西藏藏医学院职高毕业后，于2013年返乡，担任二村的妇代会主任，就在我们调研的几天前被选举为妇联执行委员会主席。大哥是全乡唯一的研究生，本科就读于延边大学，我们调研时在韩国首尔攻读社会福利专业的硕士学位；三哥大学毕业后考上了乡镇的公务员；还有一个妹妹在林芝的西藏农牧学院读书。"在教育资源匮乏的双湖县，嘎措的孩子们有集体这么给力的教育扶持，是幸福的。"

四、家有一老，如有一宝

在我国很多农村地区，经常看到的情况是，一个老人随着他的年纪增大，身体渐弱，挣钱能力越来越差，因而在整个家庭中的地位也越来越低，甚至陷入被子女否定与自我否定的痛苦当中，贫困、独居、空巢、自杀等现象屡见不鲜。如何对待老人，的确考量着一个社会或社区的文明程度。与一些农村老人"没人管"的生存状态相比，嘎措的老人在集体的照管之下，不仅享有基本生存权益，也有实现自身价值的机会。

嘎措老人基本生存权益的保障来自两个方面：一是新型农村社会养老保险，二是集体实施的牧民退休制度。如前文所述，嘎措实行按劳分配，即按工分分配现金与实物，按劳分配虽然能够激发大家的劳动积极性，但同时在有无劳力、劳力大小存在天然差别的情况下，光有按劳分配并不能保证真正的平等，尤其是老人在劳动能力变弱或丧失劳动能力之后，其基本生存权益仍然需要得到保障。也因此，早在白玛老书记在任时，嘎措就实行了牧民退休制度。

当被问及为什么会有这个制度时，老书记感慨地说："我们都是一起经历过那些年的，老百姓从申扎北迁到这边来不容易啊，几十年在这边，所有的草场建筑都是他们建造的，现在他们慢慢老去，不能参加劳动了，但是整个嘎措都是他们那一代打造的。这个制度提出之后，老百姓那个接受度啊，非常高！"从老书记的神情和话语中，我们深深感受到他对那一代人生死之交般的牵挂，也深刻理解了集体为什么会在他们老去之后，还想方设法去认可他们的价值、保障他们的生活。

从2018年2月开始，嘎措牧民只要到了55岁，都会成为退休牧民。不算实物，仅现金补助，按2017年一个工分44元计算，牧民55岁时的老年补助为40个工分，即1760元。并且随着年龄的增长，这一数字还会增加。2018年两会期间，全国政协委员张亚忠提出，工农兵学商都是职业选择，既然其他行业有退休，也能转业，农民作为第一产业的从事者，也应当与其他行业一样有退休或转业。[①]当时这一提案让很多人心潮澎湃，而嘎措牧民早已享受到了退休福利。

---

① 张磊.张亚忠委员：建议对农民实行退休转业补贴［EB/OL］.（2018-03-04）［2018-03-04］.https://www.rmzxb.com.cn/c/2018-03-04/1978738.shtml.

嘎措的牧民退休制度不同于城市职工的"全身而退",在嘎措的集体意识中,养老与劳动并非相互对立的。虽然原则上55岁以后可以不参加集体劳动,但在身体条件允许与自愿接受任务的前提下,嘎措牧民还可以继续参加适当的劳动。此外,乡牧业公司的"以工代训",虽然主要目标是有计划地培养年轻人、储备技术人才和吸纳剩余劳动力,但同时也发挥着均衡劳动、照顾弱势群体的作用,因此也给一些愿意劳动的退休老人提供了劳动机会。

比如牧业公司的七个劳动人员中,有两位是退休老人。其中一位64岁,来自一个四口之家,是个贫困户,他平时身体还行,也愿意到集体中干点事情,于是集体就安排他到牧业公司上班,学习羊皮加工技术,与乡干部一起在乡里食堂免费就餐。我们见到他的时候,他正在认真地将羊皮裁剪成马甲形状,以便交给下一道制作工序,别人说他是"真正的活菩萨,特别认真,不会偷工减料、不会偷闲"。另一位老人则长期一个人在家,说:"孤苦伶仃不知道要干啥,白天又经常没电,不能看电视,不如到这里做点手工艺,自己也轻松,动一动对身体也有好处,一天多多少少也能挣点工分嘛。"

我们曾经过二村铁匠工作的地方,门口有两位老铁匠,他们见到书记就立马跟书记抱怨说,铁匠生产小组接到本乡和其他乡的订单不少,但村里就是不给他们买材料、安排任务,认为他们年纪大了,想取消这个工作小组。但是他们认为自己还可以干，而且手艺应该传承下去，所以希望书记能让村里给他们派些年轻人来把这个手艺传下去，否则他们心里不安。书记说："这些老头子都挺好的，有一种我还能干得动、我就要继续为人民服务的精神。"这种积极向上的养老心境令我们深受触动，让人不禁想起"家有一老，如有一宝"的古训。

当然，嘎措也存在孤寡或失能老人无人照料的情况，对此乡里专门建了两个养老安置中心来安置这些老人。一村有两位孤寡老人，都是女性且已年过古稀。其中的一位老奶奶有一个女儿但已外嫁，她不仅能够生活自理，还每天坚持诵经拜佛、阅读学习党政材料，我们去探访的时候她还主动给我们展示她的学习成果；另一位老奶奶下肢瘫痪多年，常年卧床，生活无法自理，乡里安排了专门的看护人员轮流看护，看护一天给0.6个工分。从20世纪80年代以来，嘎措一直都是这样，"集体没有因为老人体衰而歧视、否定和抛弃他们"，反而在保障他们基本生存权益的同时，让他们有空间继续发挥余热，体现自己的价值。

第六节 好干部重要，还是好制度重要？

长久以来，人们对集体经济的一个习惯性诟病是：集体经济都是靠能人，缺乏可持续性。如果这个能人不在了，集体经济就会垮掉。那么在嘎措,有没有"人亡政息"的问题呢?我们又该如何看待干部和制度的辩证关系,到底是好干部重要,还是好制度重要?

一、工分细则怎么定,不是干部说了算

今天嘎措执行的《工分细则条例》(以下简称《条例》)是嘎措干部和群众40多年来逐步创立和完善的制度成果。关于《条例》的创立过程,我们有着强烈的好奇心,总是问为什么会有这样或那样的措施,对此,白玛老书记总是毫不犹豫地回答:"一切从实际出发!"在人民公社时期,《条例》的产生源于公社集体经济运行的实际需求;20世纪80年代后,在全国绝大部分地区解散集体经济的环境下,嘎措不仅没有放弃集体经济,反而与时俱进不断完善《条例》,使得《条例》更加精准地落实按劳分配。

《条例》的更新并不是干部说了算,每隔一两年,嘎措都要召开全乡群众大会和人民代表大会,根据群众意愿,对《条例》做一些增删、修改或调整。在召开全乡人民代表大会之前,每个代表都要在自己的亲朋好友、左邻右舍中征求和汇总意愿,最后在全乡人民代表大会上进行讨论,确定更新方案。

更新《条例》涉及的内容非常细,更新的主要目的是根据实际情况,使《条例》能够更加精准地落实多劳多得、兼顾劳动均衡的原则,既保障公平公正又能调动劳动者积极性。比如

1984年以前,《条例》规定,按劳动日来计算工分,只要你今天去了放牧点,就和其他到岗人员有一样的工分,不管你放的是200头羊还是1000头羊;后来《条例》改成了按放牧数量和牧产品产量(如酥油的重量)来计算工分,使多劳多得的原则落实得更加精准。再比如,以前放牧点上的牛羊不管有没有走丢或者被野生动物杀害,放牧人都没有损失,而现在如果少了牛羊,放牧人就要被扣工分,目的是保证放牧人对所放畜群更加负责。又比如,由于放牦牛、挤羊奶等工种的劳动强度大,愿意干这些活的人比较少,因此每开一次群众大会,都会适当增加这类工种的工分。

二、干部工资发多少,群众说了算

在历年的集体经济实践中,嘎措还摸索出一种循环监督模式:各生产小组组长监督组员,村干部监督生产小组组长,群众监督村干部。在这一监督模式中,尤其可称道的是群众监督村干部这一环节:村干部将基本工资全部上交给集体(其他的绩效收入、奖励补贴等可自己留用),年终全民通过评议决定干部的工分等级,干部根据评议的工分等级获得他/她当年的收入。

以二村的村党支部第二书记扎西桑珠为例,他拿到的基本工资要全部上交给集体。到了年末,二村的所有劳动力按工分多少排名,比如拉姆第一名,共挣得5000个工分;措姆第二名，共挣得 4500 个工分……这样一直排下来，通常要排到第 11 名，工分也就分为 11 等。然后村集体召开全民会议，以无记名的方式给二村的 6 名干部投票。如果群众觉得扎西桑珠全年的工作表现优异，就给他投一等；如果群众觉得他工作做得不够细致认真，就给他投二等或三等；认为他做得很差就投更低的等次。最后，将群众的投票加以汇总，半数以上的票投了几等就定为几等。假设一半以上群众投了扎西桑珠一等，那么他最后得到的工分就和第一名拉姆一样，他将按拉姆的工分来分得现金和实物。

通常来说，村干部们按照群众投票决定的工分所得到的收入比国家发的基本工资要高，因而村干部们对于群众决定村干部工分的民主监督机制从未有怨言，他们不会因上交给集体基本工资而遭受经济损失。

在老书记领导时期，集体文化、日常性的思想教育也有利于干群关系的良性发展。当时，人民公社开展过很多的思想教育活动，平均每周举办一次意识形态方面的会议，主要是教育干部和群众要爱公社，爱国家。那时候有个口号叫"以公社为家，以牲畜为儿子"。此外，党员每年年底要进行一次自查自纠，党员年初要做出具体承诺，到年底的时候，集体会召开群众大会检查他们的承诺有没有执行到位。今天，集体制度仍在持续，然而集体文化和集体思想教育却颇为凋落了。老书记说出了他的看法：

在那个时期，老百姓第一个是比较喜欢学习，第二个是只要开会，每个人都会发言，表态欲望强，会毫不犹豫地说一些，比如说为整个集体的发展提一些意见。不像现在畏畏缩缩的，有些话敢说不敢说的，那时候所有社员都会发言，那是非常好的，现在做不到。

老书记的见解说明，集体体制保持长期可持续性不仅需要一个有效的经济管理制度，也需要与之相适应的集体的思想和文化。今天，集体制度仍在持续，然而集体文化和集体思想教育却有待重建，也正在重建中。

三、新生代干部如何继往开来？

嘎措乡时任书记冰酒是一位"80 后"，毕业于西藏大学，西藏自治区山南市贡嘎县人。2015 年 11 月，冰酒开始担任嘎措乡乡长，2017 年 9 月升任乡党委书记。冰酒书记中等身材，热情幽默，汉语说得很流利。平常他总是烟不离手，虽然外表有些不羁，喜欢说笑，但做起事来却很周到细心。作为一名外来干部，冰酒书记是如何适应集体体制的，作为嘎措集体经济的领头人，他又做了哪些开创性的工作呢？

在走访期间，我们发现，村民不论男女老少，见到冰酒书记都亲切地和他打招呼、拥抱，向他倾诉家中的琐事，反映村里的境况，完全没有把他当一个外人，而是真心地喜爱他、尊敬他。

那么，他有没有碰到过难"对付"的村民呢？冰酒书记虽然年轻，但基层工作经验丰富，在遇到比较难"对付"的村民时，没有选择绕着走，而是经常和他们斗智斗勇。在嘎措一村，一对夫妻离异，丈夫带着大女儿搬到二村生活，并重新组建了家庭。妻子拉珍（化名）和小女儿卓玛（化名）在一村生活，是一村的贫困户。不幸的是，拉珍有精神障碍，情绪不稳定，容易和人发生口角。卓玛2014年中学毕业后，生了个女儿，拉珍便将她和外孙女锁在家里，不让卓玛干活，也不让她出门。正因如此，她们家经济更加拮据，是嘎措乡最贫困的牧户之一。冰酒书记了解到情况以后，认为这样不行，必须让卓玛继续读书、上职校，毕业以后好给她在村里安排工作，让她挣工分。为了让卓玛能继续上学，书记和拉珍来回沟通了许多次，"斗"到最后书记终于"赢"了，拉珍同意让卓玛出去读书。如今卓玛从职校毕业，又继续读中专。在"斗争"的过程中，书记耐心诚恳的态度赢得了拉珍的信任，拉珍对书记不再有隔阂和戒备心。别的干部进不了拉珍家的门，但是书记可以。书记不时去她家坐坐，帮她看看存折上的存款数目，提醒她不要乱花钱。书记还做通了大女儿的工作，让她回来和母亲、妹妹一起生活，并把她安排在工分最高的放牧点上。慢慢地，拉珍的精神状态和全家的物质生活条件都有了好转。

在冰酒来到嘎措乡之前，乡里的干部可以享受一些额外的福利，比如每年年底，干部每人可以分得 8 只羊、1 头牛、15 斤奶渣和 20 斤酥油等实物福利。如此一来，20 位左右的乡干部每年光羊就要消耗掉一两百只，这是个不小的数目。2016 年，冰酒在担任嘎措乡乡长的第二年就召开干部职工大会，将此福利取消，干部们若要吃牛羊肉必须按双湖县市场价格——而不是集体给社员的内部价——向公社购买。冰酒书记认为："老百姓一年到头那么辛苦，干部不能占群众的便宜。国家给我们的工资不低，想吃完全可以买嘛。"从此，这项干部福利终结了。

调研中，我们观察到哪怕在放牧点上吃了一杯酸奶，冰酒书记也要自己付钱。在工作中，他始终践行着"不拿群众一针一线"的党员优良作风，没有拿过公社的一斤肉、一斤酥油，这也让两个村的干部和群众更加欣赏他、信任他。

冰酒书记心疼辛苦的百姓，遇到灾情险情，畜群受野牦牛、棕熊袭击等突发事件，他也是第一个赶去处理，帮助受灾群众，安抚放牧人员情绪，等等，用某位驻村干部的话来说，"乡里的事情，都是书记在管"。我们在其他地区调研时，有干部在，群众往往不敢说话，但在嘎措，有冰酒书记在，群众更加畅所欲言，相互信任的干群关系可见一斑。

四、干部与制度的辩证关系

自 2002 年白玛书记退休至今，嘎措乡一共经历了 7 任书记。关于干部与制度的辩证关系这个问题，我们同白玛和冰酒两位书记先后进行了讨论。白玛书记最有发言权。据闻，白玛书记年轻的时候体格强健，力大无比。他文能辩领导，武敢斗棕熊，在一穷二白的年代，带领群众将嘎措人民公社打造成高原上的幸福家园，名满整个西藏自治区。老书记只是谦虚地说："不是说我那个时候怎么能干，但是我这一生真的是奉献给嘎措人民了。"其实，嘎措人民公社的集体制度、工分细则是由他和得力班子一起起草、修改、制定的，后来在实践中不断完善，比如由公社赡养的养老制度就是老书记提出来的，这一牧民退休制度在当时乃至今天都十分先进和人性化。

在谈及干部与制度的辩证关系时，老书记打了一个很形象、很到位的比喻：

> 假如人民公社是一辆汽车，领导就好比发动机。人民公社（这辆车）能不能很好地运行，最主要在于有没有一个好的领导班子。与此同时，制度也是很重要的，二者相辅相成。如果领导没有积极性和责任心的话，不管有什么样的制度，人民公社还是搞不了；但是（如果）领导特别有能力，特别能干，却没有一个详细的制度的话，也是不行的。

嘎措两个村的差异似乎正说明了"领导就好比发动机"的见解。我们发现嘎措乡两个村虽然制度一样，但是二村相较于一村，集体感更强，只有两名脱离集体的单干人员，大大少于一村的37名。在每季度分工时，二村总是快速有效地完成，很少需要调整，但一村领导总要做很多人的思想工作才能将工作安排下去，许多人不愿意被分配到比较辛苦的工种。这些情况会影响集体经济是毫无疑问的，那为什么会有这些现象呢？白玛书记认为，主要原因在于一村的村领导缺乏集体意识和责任心，因而就没有办法和手段去控制单干和不服从分配的人，老书记说："村领导可以认真地去开展思想工作，努力去说服那些人，如果是一个没有责任心的领导，根本不知道怎么去教育这些人，他想不出思想教育的内容。出去的人越多，人们就越不把领导当回事。"

总之，老书记认为，集体经济最核心的问题是领导，是组织人员，一个好的领导团队是实现集体经济健康发展的关键，要将制度真正地落实下去。

冰酒书记也承认领导的重要作用，作为一个"80后"，作为一名外来干部，他"邂逅"了嘎措的集体经济，并逐渐认识它、认同它，为它努力。或许是因为有这样的经历，冰酒书记说："我觉得制度比干部重要，只要有扎扎实实的制度，领导虽然没什么能力，但是大家都能把制度贯彻落实的话，就行。没有一个好的制度，领导能力再强也不行。"

从对两位书记的访谈和嘎措乡的变迁中我们可以发现，领导团队、制度和文化是引导集体经济走向成功的"三驾马车"，三者相辅相成，缺一不可。一个优秀的领导团队是一个良好的发动机，能驱动制度发挥最大的作用；一个好的制度既能保障社会公平，也能使得干部愿意接受群众监督、把群众监督落到实处，让干部愿意为人民服务；与此同时，平等合作、富有凝聚力、关爱集体的团体文化是集体经济能吸引人、留住人的必备法宝。在老书记的记忆里，集体文化是这样子的：过去老百姓的日子虽然过得清苦，但是老百姓的心情是非常好的，上进心、积极性都特别强。一年四季，老百姓最高兴的日子，并不是年终分红的时候，而是入秋剪羊毛的那几日。每到此时，所有老百姓都聚在一起，一边剪羊毛一边唱劳动歌，剪完了还有很多娱乐活动，包括体育竞赛、民歌比赛等。大家宰杀牛羊，吃上当年的第一块新鲜肉，做酥油、奶渣，喝青稞酒，男女老幼一起分享最丰盛的食品。（见图2-10）

这样的集体是令人向往的，也是值得嘎措群众去珍爱、维护的。

第七节 未来的挑战

嘎措在自己有限的资源条件下，使得老有所养、幼有所教、病有所医，已经尽可能地落实了党的十九大提出的"产业兴旺、生态宜居、乡风文明、治理有效、生活富裕"的乡村振兴总要求。

然而，嘎措未来也面临着一些挑战。嘎措有"谁来放牧"的担忧。近些年，越来越多的年轻人受城市的吸引离开了乡村，导致长期在放牧点的牧民60%都是中老年社员。此类情况让有些人有"后继无人"的担忧，而这也是全国农区和牧区普遍面临的问题。对于嘎措，此类问题的解决可能需要在嘎措集体文化的重建中引入年轻化的因素，为年轻人创造存在感。此外，全乡共有39个劳动力脱离集体，其中一村37个，二村2个。从一村和二村的情况看，二村的领导班子比较团结，社员分工协作比较容易。因此，两个村子脱离集体的劳动力数量对比悬殊并非巧合，这与两个村集体凝聚力存在差异有直接相关性。

嘎措自身还面临着如何保持"集体经济"的挑战。2020年，嘎措乡民经历了再一次的搬迁。上级政府下达"高海拔生态搬迁"的指示，他们新的落脚点在山南市贡嘎县的农区。这将带来两重挑战：一是牧民们能否适应农区的生产生活，二是集体经济能否得到保留。

在搬迁后的生产生活中，我们相信集体仍然可以发扬团结互助的精神，发挥再造家园的作用，也只有集体的力量才能让牧民们更顺利地实现从牧业到农业的转型。

第三章
"山沟里的华西村"——大坝村集体经济的发展

第一节 初识大坝村

大坝村位于贵州省安顺市西秀区双堡镇。受云贵高原东部的洼地丘陵地带影响，这里自然风光秀丽，有丰富的水资源、耕地资源和森林资源。大坝村保留了独特的屯堡文化。村内汉族和布依族、彝族等少数民族共存。大坝村原来有三个村民小组，2013年江西寨和鸡笼关两个小组也并入大坝村。并村之前，全村人口约有600人，并村后，人口超过1000人，劳动人口超过800人。2017年，村中主要产业是金刺梨种植。除从事该产业的劳动力外，其余一些劳动力在村庄附近从事建筑、运输等行业，还有10多户开办农家乐。

今天，大坝村被称为"山沟里的华西村"。然而，与华西村相比，大坝村有起点低、起步晚的特点。华西村在人民公社时期就是先进村，土地的所有权和经营权一直归集体，没有经历过分田单干。华西村起步早、起点高，这意味着复制难度较大。大坝村不仅在1980年分田到户，而且在全国农村第二轮土地承包的时候也没有进行土地再分配。2012年，其重新集体化时还是省级二类贫困村（即贫困发生率高于3%）。到了2017年，大坝村经过5年时间实现了集体经济从无到有，村庄成功脱贫，大批村民回乡发展，原有的20%的抛荒土地也基本被利用起来。

不同于部分去农业化的集体经济，大坝村的集体经济具有明显的乡村化、生态化的特点。大坝村以生态农业为基础，摸索出了一条成功的三产融合道路：在果树生态种植的基础上开发果品、建设酒厂；绿水青山吸引了四川、重庆等地的度假游客，带动了当地的民宿和餐饮市场；一、二、三产业相互辅助、良性循环，实现可持续发展。

大坝村集体经济发展的起点与中国大部分村庄有相似性，其经验有被广泛借鉴的可能。大坝村对农业、乡村、生态的守护，对于今天的乡村振兴具有重要的意义。

2017年7月下旬，我们在大坝村进行了为期一周的调研。其间，我们深刻地感受到了大坝村村"两委"干部以及村民们的淳朴和热情。不论是被习近平总书记接见过的大坝村村支书陈大兴，还是放下自己诊所投入到集体经济发展事业中的村主任卢正学，他们的低调温和都给我们留下了深刻的印象。这也从侧面引起了我们对大坝村村"两委"领办集体经济经验的兴趣。

第二节 分田到户的大坝村

大坝村全村土地约1万亩，其中山地有4000多亩，余下的全部是耕地。大坝村的集体土地自1980年分田到户后就没有再调整过。相较于其他地方，这里的土地配置与各家庭人口更加不协调。

大坝村曾长期种植玉米和水稻，自20世纪90年代后期起，像其他村庄一样尝试过很多经济作物的种植和养殖业，包括种烤烟、种竹荪、种绿化苗以及养牛、养猪等，然而屡试屡败。在大坝村重新集体化之前，它与其他许多中西部农村一样深陷在"三农"发展无门、无奈承受市场波动、村庄空心化的困境之中。

根据大坝村人的讲述，我们认为之前产业失败的原因有以下三方面：

一是没有找到因地制宜的作物。比如20世纪90年代中后期在政府推动下种植的烤烟，由于缺少轮作，后来遭遇病害的很多。

二是无法解决市场无序带来的亏损风险。以竹荪种植为例，村支书曾在1998年左右搭建了一个大棚试种竹荪，占地10亩左右，当年他赚了十几万元。第二年他带领村民种了100多亩，有十来家参与，结果种植多了，价格低了，他们全都赔了。后期有些人尝试养猪，进货时猪是25元左右一斤，出崽之后市场价却变成7.5元一斤，村主任和带头的六七户又亏得不行。

三是没有摸索到有效的重新组织的方法。2000年左右大坝村尝试种植绿化苗，还接到了区林业局的订单。村支书和村主任分别从村民手中流转了大约110亩和40亩土地，并雇人管理。但在他们支付了大量的土地流转费、工资后，林业局却无法消化。所有的亏损只能由带头人个人承担，而村民的积极性也无法被调动起来。

2000年的时候大坝村人均年收入不到1000元，大部分村民住的是泥巴盖的土坯房，好一点的屋顶是石板，差一点的上面是茅草。2000年大坝村开始有人外出打工，2010年左右打工人数达到顶峰。据介绍，村中最有钱的是村支书，但他前期靠卖树苗赚的钱都不断投在产业试错和后来的合作社里了。担任过25年大队会计（1976—2001年）和8年村副主任（2002—2010年）的杜贵成介绍说："这地方还是很难过的。赚大钱的都喜欢赌，赌光了，拿不回来钱。没有什么大富大贵的人。"可能因为大坝村贫困，这里男方给女方的彩礼为4万元左右，女方也要回礼，一般也不少于男方给的价值。加上买家具等开支，男子娶妻的费用一般为5万~10万元。

第三节　走向合作：在带动下起步，在波折中坚持

分散的农户是市场汪洋中的一条小船，不仅自身难保，也没有能力集中力量办大事。今天农民合作的合理性和必要性是显而易见的，然而几十年间农民的分散、分化和资本下乡也使得农民合作面临着诸多挑战。所幸的是，大坝村贫富分化问题并不突出，村庄没有难以克服的势力争斗和派性纷争，也没有"遭遇"资本下乡。在大坝村，这些常见的压制和分解农民合作的障碍都没有。大坝村面临的主要挑战是几十年来村民养成的散漫习性。

不过，虽然大坝村经历了几十年的分田到户，但村民和村民小组的集体观念还没有销声匿迹。现在大坝村没有个人的林地。在20世纪80年代，大坝村自留山1000多亩天然林地都分到户了。老百姓为了获得柴火，不久就将林地的树木基本砍光了。有村民意识到了植被破坏的问题。1988年，马槽小组自发开会，集体讨论决定收回马槽小组村民的林地。其他村民小组看到马槽小组的山上长出了树，就自动不上山砍柴了。20世纪90年代村委会介入，把各个村民小组的林地集中收回保护。村主任卢正学说："按我们这里的习俗，'六月六'会有个火把节，全部村民都参加。在这个火把节上，村委会（干部）宣布不准砍柴了，口头上一讲（大家）就遵守了，个别人违反就罚款。"

大坝村如何受到启发走合作化的道路呢？2012年7月，村支书陈大兴去华西村学习，这次参访使他感到相当震撼。他回忆说："最幸运的是吴仁宝老支书单独跟我谈了半个小时。"回来后，大兴支书就组织村"两委"开了一周多的会，分享学习经验，村"两委"顺势讨论了村子未来的发展。支书坦言："开始大家都不相信我们国家有这么富裕的村，以为我讲的是假的。2012年华西的人均分红就达到8万元。我们村才只有1980元左右。我把在那边买的碟子放给大家看，他们才相信。我提出合作发展以后，大家都同意，但是都在观察。因为我们那时没有钱。那时我们是省级二类贫困村，相当穷。我们开了一个多礼拜的会，才确定下来成立合作社。"

如何走好合作化的道路？大兴支书总结了三条华西经验：要发展团队精神，要选准产业，下了决心就一定要干到底。

历经了20世纪90年代以来的屡试屡败后，金刺梨种植终于成为大坝村选定的产业。金刺梨原来只是野生的，被一位林场场长无意间在山上发现，后来上报给贵州农科院。该农科院培育了300多株金刺梨苗。大兴支书较早发现了野生金刺梨驯化后的价值——含有人参皂苷、病虫害少、糖分高、产量高。

2008年大兴支书开始试种金刺梨，把300多株金刺梨树从林场移栽到村里，在办公室后面种了20亩。接着其他村干部也开始试种。他们将当地林场因山火荒废掉的地承包过来，发动十几个党员带头种金刺梨。2011年果树开始挂果，当年价格为每斤 25~30 元。按照平均亩产约 245 斤计算，效益相当可观。但是大兴支书并没有趁高价赶紧出售。为了打消村民种植金刺梨的顾虑，他搞了推广会，请上级领导和相关主体免费试吃。

推广会后，不少商贩来到大坝村购买金刺梨，每天带来 3 万~4 万元的收入。村民们改变了态度，主动来向村委会要苗。这时候，村干部见时机成熟，就召开村民大会，筹备建立合作社。

我们问大兴支书："动员老百姓难吗？"大兴支书回答：

> 难。改革开放多年，村民心散，不理解这些事，以为承包给他的永远是他的。所谓"金不调，银不换"。2012 年我们动员村民加入合作社：一是长期叫他们一起开会，看新闻，给他们看人家做得好的；二是村干部白天没时间，晚上去村民家做工作，给他讲道理，凌晨两三点才睡。当时给大家开会，做了一个比喻：改革开放是，大家没有吃的，把土地分给大家是让大家种，糊到一张嘴。现在吃不是问题了，（问题）是要发展。发展呢就要抱团，你才能够做大做强。如果靠自己一户做呢，你有多大本事都做不到。靠土地来吃饭是正确的，但要致富很难。只有把土地集中起来，能做土地的就让他做土地，不能做的就做其他。你一户 100 亩可以做好，几亩就无法富。

2012年合作社注册的时候，全村共3个村民小组，150户，其中有120户入社。每户出10元入社费，主要以土地入股。入社的土地不一定都是村里原先的承包地，可以是村民自己后来的开荒地，或转包的林场地。入社的村民有分红，但是没有土地流转费。入社工作公开透明是集体经济运行的良好开端。为了确定土地入社方案，村里当时开了一周的会，反复讨论。为确保入社土地测量公平，村委会从当时3个村民小组中各选了一个德高望重的老人进行监督。2012年年底，所有入社土地完成了丈量。

金刺梨树前三年不挂果，但合作社却需要购买苗木、化肥，还需要支付人工费用。村委会主动承担了前期解决资金问题的任务。第一年，村委会从林业局争取到了100多万元的项目资金，以解决资金问题。第二年、第三年，村委会在信用社贷款共计80万元。

第三年金刺梨树开始挂果了，市场却变脸了。2015年，由于周边种植金刺梨的地区多了，金刺梨价格降到两三元一斤。村干部们召集合作社成员开会，有的人提出干脆重新把地分了，各家自谋生路，还有的说砍掉金刺梨树种别的作物。大兴支书回想当时说："第一，我们好不容易才抱团，分下去了我们不就白干了这几年？第二，我们可以搞深加工，这样会比常规农业的价值翻好几倍。"

瞬息万变的市场倒逼大坝村开始走三产结合的道路。在村委会领导下，2015年合作社创建了果酒加工厂。当年，加工厂生产了400多吨金刺梨果酒，老百姓获得了分红。2017年，上级政府帮助协调资金，准备在大坝村筹建大酒厂。大酒厂预计投资1.6亿元，截至2017年底已经投入6000多万元。

上级政府对大坝村的"大手笔"投入，并不意味着大坝村的集体化是自上而下的"奉旨合作"，而是因为大坝村最初内生的（集体化）在取得了初步的成效后，获得了上级政府的关注。大坝村干部坦言：大坝村在2012年筹划集中土地搞合作社的时候，上级政府并没有关注。上级政府注意到大坝村也是因为"一个不完全是偶然的偶然"。大坝村在走集体化道路的过程中，特别注意对村庄的统一规划。结合当时的政策，大坝村在2013年引导村民建了28栋外观比较统一的房屋。2015年，大坝村所属区政府为了给贵州"美丽乡村"建设全省观摩会选点，看到了大坝村的村容村貌，就决定加大对大坝村村内道路和绿化的投资，最后大坝村成了省级新农村示范点。

大坝村村委会的组织能力也很突出。双堡镇党委书记全优说，大坝村的村委会在双堡镇的15个村里表现很突出。有一些村庄抱怨镇政府扶持大坝村，全书记的回应是："咱们做个试验，现在你们都通知下去，明天上午8点全村党员开会，哪个村能够像大坝那样把会开起来？"

正因为转变思想开始走集体化道路，以及村"两委"的"给力"，大坝村以内生动力撬动了更多的上级政府的支持。大兴支书在大坝村合作化的意义上想得很明白：

> 我们村这种模式解决了收入差距的问题，因为村民有股份。以前田是给有能力的人做，帮他做工的一边打工一边把钱花完了，赚不到什么钱。很多村是把土地流转给公司……老百姓没有分红，赚多少都是老板的……时间长了，老百姓醒了，（觉着这样）还是不行。

第四节　第一产业规划：合作与变通

2017年，合作社已经覆盖了大坝村原先三个村民小组全部的158户，并已逐步吸收2013年并入大坝村的两个村民小组。包括后来并入大坝村的两个小组，大坝村全村土地共7930亩。合作社的土地共3420亩（含承包甘堡林场的500亩），其中包括金刺梨基地2300亩、脆红李基地800亩、鲁冰花基地120亩、养蟹基地200亩。

大坝村对种植品种有整体规划，在进行第一产业规划时，就考虑到了游客对不同季节景观效果的需求。因此，大坝村制订了"多元种植"的方案，除了有作为主打作物的金刺梨，还有脆红李、鲁冰花等作物。对于这些品种的种植，在尊重村民意愿的基础上，合作社灵活采用多种方式进行。合作社的收益分配也展示了集体经济分配公平、偏向弱势群体的特征。

一、统一管理与生态转向

2012年10月左右,大坝村计划在2300亩的入社土地上种植金刺梨。第一批种1800亩,其他条件稍差的土地需要用挖掘机改为梯田后再种。除了原先三个村民小组入社的2300亩,合作社要求新进的两个村民小组每户至少种500株金刺梨树,预计种1000亩。

2011年,看到村支书准备发展金刺梨种植,有些农户开始自己种。到了年底,各家种植情况差异很大。有的地里杂草比金刺梨树还高。看到这个情景,村委会"心里发慌"。后来经过讨论,大家决定由集体统一管理。

合作社主要统一管理两个方面。一是统一提供农资和农机服务,如请挖掘机统一把田打好,放鸡粪进去做底肥,统一提供树苗和肥料。二是提供统一的种植标准。合作社统一规划每亩土地种74株,并给入社土地统一拉线、打坑,避免因各户想要多种多收而导致金刺梨树间隔小,从而影响金刺梨生长和各家的土地边界。同时,合作社还规定了生态种植的方向:要求不打农药,只能人工或者机器锄草;允许用化肥提苗,提倡用农家肥。从2015年开始入社土地就是无公害基地,2017年合作社已在申请有机基地认证。生态种植已成为大坝村金刺梨的特色和亮点。

二、利润分配与社员劳动收入

合作社对于社员的收入分配让每户社员都有获得感。社员从合作社获得的收入主要有两部分。一是入社土地金刺梨产出的分红。这部分合作社与社员进行五五分配：入社农户可得分红的50%，比如当年金刺梨的保底价是每斤3.5元，那么农户得1.75元。合作社获得的50%分红中，15个百分点作为合作社发展基金，35个百分点用于支付各类费用（包括部分社员在合作社工作的劳务费用、肥料费用、农机服务费用、从非社员主体流转土地的费用等）。

二是社员的劳动收入。这一部分种类比较多，至少包括三个方面。第一是金刺梨林管理收入。村民作为果树的管理人，每亩种植74株，每年每株能拿到12元的管理费。前面两三年不挂果的时候，没有此项收入。2017年，有56人承包管理金刺梨林。其中，有的只管理自家入社地，有的则同时管理其他入社户的金刺梨林。第二是摘果收入。社员如果参与摘果，每斤收入0.5元钱。第三是部分社员在合作社工作的收入，尤其是前两年金刺梨树不挂果时，合作社向入社户每户提供一个岗位，每人每月工资2400元。

农户可以选择不入社，而是卖果给合作社。合作社给的收购价按照当年的市场价浮动，没有保底价。在大坝村原先的三个村民小组中，没有不入社的农户，但是有20多亩没有入社的土地。

2017年我们调研时，两个新并入小组（鸡笼关和江西寨）的入社工作还在推进中。以江西寨小组为例，组里80%的农户都加入了合作社，20%的农户在外面打工，还没有加入。合作社对鸡笼关和江西寨小组的入社政策似乎更灵活。李兴江介绍说，江西寨小组里大部分农户都是自己管理果树，合作社提供每斤3.5元的保底价。

2016年底合作社一共向社员发放了98万元。其中有72万元是金刺梨分红，剩余26万元是年底支付的金刺梨林管理费。金刺梨林管理费是一个季度发一次，每次先发一半，剩下的年底支付。2017年，每个月支付的管理费有90 300元，一年大约108万元。2016年底，共支付摘果的人工费用20万元。2016年金刺梨分红最多的农户有25 000元，最少的有500元。有些农户分红少主要是因为地少、入社晚、金刺梨树挂果少。

金刺梨份额多的入社户有3000株金刺梨树，大概占40亩地；最少的农户也有500株，大概占几亩地。以老会计杜贵成一家来算，他家入社土地一共种了1340株金刺梨树，加上大女儿的280株，自家管理的就有1620株，连同管理的其他入社户的金刺梨树，总计3000多株。他家是2012年10月加入合作社的，到2017年已经获得三次分红。第一次分到880元，2015年挂果分到3500元，2016年分到8800元。每年的分红增加主要是因为金刺梨树的挂果量每年不断增加。2016

年，杜贵成家共得到3.6万元的金刺梨林管理费，加上0.5元钱一斤的采摘钱，一共挣到4万元的劳务费。

合作社优先安排贫困户管理金刺梨林，贫困户的分红比例比一般农户高10个百分点，达到60%。2017年，大坝村有14户低保户。低保收入、土地分红，再加上每年的慰问金，使得有的低保户收入并不低。比如有一户低保户在合作社拿到1.2万元的管理费，还有1.8万元的分红；合作社又帮其贷款4万元买了一辆农用车。其一年总收入有6万多元。这14户贫困户2017年底已全部脱贫。

三、多元化种植、养殖

大坝村认识到种植需要多元化，让游客什么季节来都可以品尝当季成熟的果子。2013年，大坝村开始种脆红李。由于脆红李的种植技术复杂，市场价格变化幅度大，所以老百姓不愿意种。村委会最后决定，由合作社流转农户的土地来种，向农户支付流转费，不分红。2017年，合作社一共种植800亩脆红李。流转费是每年每亩500元，3年加一次价，每次加100元，加到1000元为止。农户可以在合作社务工，管理果树。脆红李树管理费是每年每株12元，一亩54株。每亩地可产脆红李4000斤，按当时市价8元一斤算，可挣毛利3万元。

合作社流转来的土地中有800亩左右都是水田，地势比较低洼，不适合种金刺梨。这800亩中，有400亩种植脆红李，另有200亩转包给江苏老板养殖大闸蟹。江苏老板支付承包费，合作社将其完全返还给农户，未做任何截留。合作社在这200亩中没有用上的几十亩土地上种植了雷竹。为了景观效果，合作社在剩下200亩土地上种植了从云南引进的鲁冰花。但是鲁冰花种子不适应当地气候，只存活了10亩左右。未来这片地合作社打算种蔬菜。

第五节 劳动管理如何兼顾公平与效率？

在如何安排金刺梨林的劳动管理上，合作社有过不同的尝试。这些尝试给我们展现了合作社是如何处理"兼顾公平和效率"这一经典问题的。总体上，这些尝试以2016年为界，分为两个阶段。第一阶段注重公平，但存在劳动积极性不好调动的问题。而第二阶段采用了组团承包金刺梨林管理的方法，较好地实现了公平和效率兼顾。

金刺梨林管理工作主要包括三方面。（1）施肥：第一年用鸡粪上底肥，第二年用鸡粪追肥，到第三年开始挂果后，每年用复合肥追肥一次。（2）剪枝：需要分别在每年的4月、7月和摘果后剪3次。（3）割草：需一年进行3次，用打草机打碎，就地做肥。此外，每年年底还需要大量的劳力摘果。

一、杜绝比懒竞赛，组队承包管理

外出打工的农户、在合作社上班的农户以及家里土地比较少的农户大多把自己的金刺梨林交给合作社管理。而有 20~30 亩土地的农户往往更愿意自己管理金刺梨林。结合这一情况，2013—2015 年，合作社对金刺梨林进行集体分组管理。合作社原则上保证每户有一个人在合作社工作，但并非所有农户都愿意参与。2013 年到合作社报名管理金刺梨林的有 68 人。合作社将他们编为 7 组，每组大致 10 人，每人每月工资 2400 元。对于摘果，合作社按照小组总采摘量另外支付劳务费，费用平分给组员。但拿固定工资、在组内平分摘果报酬的办法仍然有吃"大锅饭"的弊端。

刘大成 2015 年 8 月进入合作社，负责劳动管理。他回忆道："当时安排他们一起去锄草，但是因为人太多，有人偷懒；合作社这种搞大集体的方法，老好的干活使劲儿，奸猾的就偷懒。"也有其他人提到："小组的工作上不去，如果组里有懒人的话，会把其他人也带坏。"

老会计杜贵成的看法或许更理性。他认为这并非集体劳动本身的问题，而是管理问题。一是本村的人情面子文化，导致管理人员管理时不能说得太重。二是没有正面的劳动竞赛宣传，且集体劳动的公平管理立不住。两个因素叠加产生了懒人的温床，滋生了比懒竞赛。

为了解决这一问题，经过村民大会讨论，合作社将劳动管理方法改为计件制。村民组队承包金刺梨林管理，按照管理金刺梨树的株数来计算管理收入，按照摘果的重量计算摘果收入。合作社跟组长签管理合同，一个小组内的人相互监督。刘大兴从一开始就在合作社里参与管理金刺梨林。2017年，1953年出生的他虽然已经年过花甲，但仍然是干活能手。谈起合作社里劳动管理方法的变化，他说道："刚开始规定60岁以上的不要。当时我61岁，进去干活儿，人家也没说什么。只要你肯干，年纪大些也没关系。但是合作社认识到这是个问题，所以2016年合作社把金刺梨（林）划片，叫人组队来承包。"

2016年劳动管理方法调整后，合作社主要有两类劳动者：一类是与合作社签一年劳动合同的、拿月工资2400元的工人；一类是与合作社签果树管理承包合同、按照管理株数计算工作量的人，他们拿每年每株12元的管理费和年底的摘果费。这两类劳动者都由刘大成来管理监督。2017年，合作社有21人拿月薪，56人承包金刺梨林管理。56人如何承包金刺梨林管理呢？如何公平地分配要管理的地块呢？合作社有自己的原则和办法。

首先是清点2000多亩土地上每个地块的金刺梨树株数，为承包管理和核算劳动量打下坚实基础。从2017年初起，刘大成就带人清点金刺梨树，他谈道：

> 每家每户有多少株、在什么地方，我们都有记录。每

年正月一上班就数金刺梨（树），要花半个月的时间。清点的时候，死掉的要除去，新近补栽的，还不能立即登记，因为长势还不稳定，不一定成活。平地还好清点，山坡上就很困难了。所以村里不管哪一片的金刺梨（林），我都很清楚。这个记录有正副两本，每一组记录都有承包组长摁手印。

我们翻看了合作社的清点记录。小小的笔记本上清清楚楚地记下了承包管理的土地归属哪一户，以及承包的地块上的金刺梨树株数，和56人管理的金刺梨林的详细情况。近20万株金刺梨树，能清点得这么清楚，刘大成这个平凡的合作社干部做起这些来，举重若轻，令人敬佩。（见图3-1）

二、以计件为基础，兼顾公平

合作社的另一个经验是在计件制基础上充分兼顾公平，尽量让想干活的人都有活干。金刺梨林管理工作的分配，在操作上是以路为界，划片承包，但遵循公平原则，合作社对各组每年的承包量做动态调整。（见图3-2）刘大成说："比如说去年你管了4000株，如果今天报名人多了，那么你就只能管3000株；如果这一个坡有6050株，你有两个人想包，我就说你俩包太多了，会叫你们再找两个人。基本上是平均分配，相互之间差不了三五十株。"

在记录里面，我们随机抽查 2016 年两个小组承包的情况：刘大兴名下有 6543 株，组内有四人；吴根伍有 2624 株，是两人一组。两组人均相差 300 多株。刘大兴组承包的比较多有特殊原因。当时合作社把要承包的土地划成三大片。虽然划片时合作社清楚这三片的金刺梨树总株数，但是并不知道每一片的株数。两位组长通过抽签决定各自承包哪一片。刘大兴组干了两个月后，合作社才去清点金刺梨树，那时才发现他们承包的太多了。

各承包组内如何分配管理株数？刘大兴组是按照出工天数计算并分配的。他说道：

> 我们干活最"狠"的 4 个男的组成了一个队，太阳大都不怕。我们不是亲戚……我们承包了 14 000 株，平均每人 3500 株。在小组内，我们是按出工数记工，进行收入分配。虽然我是组长，但是我也是跟大家一样，按工参与分配。小组内有人做不好，我可以叫他走。组队的时候，我们愿意要勤劳的。去年我们 4 个人一共收了 8 万斤果子。

2016 年只有少数农户自己管理自己的金刺梨林。2017 年在外打工的人听说有人管理金刺梨林赚钱多，也想回来承包管理金刺梨林。2017 年管理金刺梨林的一共有 56 人，其中有一部分是自家管理自家。记录本里只管几百株的便是此类情况。

刘大兴也证实了合作社对每人承包管理株数的动态调整情况：

> 去年（2016年）果子丰收，我们承包金刺梨（林）的人赚得多，因此今年有很多人要承包。合作社就让大家自己管理自己的金刺梨（林），如果想多管理，就自己跟户主谈，谈好后到合作社登记。今年承包的，大多数是个人承包自家的。我还是带了一个小组，是4个人，有我兄弟的媳妇，我的儿媳，还有一个堂妹子。她们没有个人承包，是因为她们没有管理金刺梨（林）的经验。而且因为我以往管理得好，村委（会）认我，也放心交给我管理。今年我们4人管理6543株，平均每人1635株。今年承包的人多了，所以合作社没有这么多金刺梨（树）分给大家管理，而且我今年风湿脚痛，所以也做不了多少。

合作社每年分几次向金刺梨林管理小组或个人发管理费。如刘大兴所说："去年（2016年）我们按季度发管理费，今年改成4个月发一次。"这并非如我们开始所想是为了监督管理成效，而是为了方便合作社资金流转。因为金刺梨林改为承包管理后，各组组内互相监督，按工计酬，刘大兴说："哪怕是亲戚，干活都很卖力，没有出工不出力的情况。"访谈中，没有人提出存在金刺梨林管理不善的问题。

合作社根据管理株数而非最终产量来计算劳动量,有其合理性。因为影响产量的因素是多重的,比如地块"肥瘦",仅仅以产量来计算劳动量对承包人不公平。这种兼顾公平和效率的管理制度,提高了村民的劳动积极性。以摘果为例,2014年之前每个人每天摘100多斤。改革后,每个人每天能摘800多斤。

第六节 第二产业和第三产业规划:酒厂和乡村旅游

第一产业虽然以农业为核心,是农村发展的基础,但也面临附加值不高、市场波动大等问题。因此,大坝村从2015年就开始探索以酒厂为核心的第二产业。同时,大坝村宜人的气候已经吸引不少四川、重庆的游客前来避暑,加上种植业可以带动农业观光,大坝村周围还有温泉资源,发展乡村旅游业已然是大坝村的重要战略规划。为了配合旅游业发展,村委会动员村民统一建设新房,对村庄风貌进行整体规划,同时也对乡村旅游的发展步骤做了安排。下面分别从酒厂、统一建房和乡村旅游规划三个方面进行具体介绍。

一、果酒加工厂

金刺梨因含有丰富的维生素C、人参皂苷等营养成分,其果酒的市场前景较好。在大坝村建立酒厂前，附近已有果酒企业收购金刺梨。然而，随着安顺地区金刺梨种植规模的扩大，金刺梨的收购价格逐渐下跌。收购金刺梨的下游加工企业还经常压价。2015年金刺梨的市场行情不好。大坝村为附近的果酒加工厂供应金刺梨，第一天酒厂的收购价是5元/斤，第二天则压到3.5元/斤，第三天则到了2.5元/斤。

考虑到初级农产品附加值不高，市场价格不稳定，加上农业生产者的议价能力弱，大坝村决定自己建立酒厂。2015年，大坝村将一个空置的烤烟房改造成酒厂。在区林业局协调下，金刺梨酒由贵州大学相关部门帮助研发。2015年当年，酒厂产金刺梨果酒约400吨。酒厂初始资金包括由西秀区城投公司以借款的形式出资的800万元，以及大兴支书的个人垫资（借款给合作社）。酒厂每月的销售量大约为6000瓶，每瓶出厂价68元，酒厂已成为合作社的主要收入和利润来源。

2016年，在上级政府的支持下，大坝村开始修建设施更好、产量更高的新酒厂——大兴延年果酒加工厂。酒厂主体设施由西秀区城投公司投资，预计总投资额达到1.5亿元，建成后由西秀区城投公司和大坝村的合作社共同经营。我们调研时城投公司和合作社对于新建酒厂的持股比例还未确定。新建酒厂配合了整个安顺市的金刺梨产业发展，酒厂初建后，预计以"实体店＋电商"形式销售，当时估算年产果酒5000吨，到2020年净利润达5600万元。

酒厂每年对金刺梨的需求量约为5万吨，可带动安顺及周边地区约1万户农户。我们在调研时发现，合作社考虑到酒厂不久即可投产，合作社自产的金刺梨已经停止对外销售，且合作社于2016年从信用社贷款1000万元，在周边收购了3000吨金刺梨烘干备用。

二、统一建房

2013年，贵州省"美丽乡村"项目在大坝村实施，上级政府下拨专项资金供"穿衣戴帽"规划使用。"穿衣戴帽"就是将民居的外墙和房顶进行统一装饰。大坝村没有被动地应付任务，而是积极地把上面下达的任务与村集体的长远打算结合起来。大坝村主任卢正学说："因为村民自己盖房，都不统一，觉得穿衣戴帽了还是丑。"于是大坝村委会借鉴华西村的经验，以"美丽乡村"建设和"危房改造"建设项目为契机把部分老房子拆了，推动新房的统一建设。这一"疯狂"想法当时让镇政府干部有点咋舌，但是上级政府最终还是同意了。卢主任回忆道：

> 我们向镇政府汇报。当时我们刚从华西村学习回来，镇里觉得我们学华西村学疯了。镇副书记开始说不行不行，但是我们给他解释了，他说，"政策上我去解决，钱你们自己解决"。

房子的设计走了一条"群众路线"。村委会集思广益，发动大家给最美房屋拍照，在收集的图样中挑选，希望选出一个50年后还不会落后的样式。定好基本样式后，再找设计院设计，之后又根据当地农户的需要调整。卢主任说："他们设计的也不适用，（村委会）就让他们先拿我和张主任（老村主任）的房子来试验，边做边调整，我们也是半个设计师，怎么适用农村怎么改。"

建房的总体规划是保留原来小组的集中居住模式。新房的分配是通过村民小组内村民抽签完成的。2017年暑期我们调研时，大坝村已经完成第三期81座新房的建设，第四期的20座正在建设中，第五期正在筹划。待第五期建设完毕，大坝村即可完成所有农户的新房建设。大坝村的每座新房有3层楼，面积380平方米，造价在32万元左右。

新房建设给村民带来了一系列实惠。首先是较低成本的新房。据卢主任介绍，农户个人建房每平方米成本要1000元，集体建房最终和承建公司的协议价格是每平方米790元。其次是就业机会，村委会要求承建公司优先雇用本地村民。最后是有利于发展乡村旅游业，给村民带来新的收入来源。截至我们调研时，全村有游客接待能力的民宿住房有80多栋，有10多户开办了农家乐。当时，很多重庆、四川的游客都来避暑度假。调研团队的食宿是按照当地的吃住标准安排的，大家非常满意。

新房的建设需要大坝村村委会有足够的动员能力。村委会一是要解决群众意愿的问题。一部分农户觉得新房院子小，对卫生要求高，无法养殖家畜家禽。还有一部分农户则疑虑村委会借新房建设与建筑商勾结"捞好处"。村委会一方面认真宣讲新房建设的意义，以新建房屋作为示范，另一方面邀请群众代表一同参与和建筑商的谈判。在第一、二期新房建好后，来自农户的阻力基本消除了。村委会在建房问题上充分尊重村民意愿，对于内部没有达成共识的村民小组，村委会暂不推行建房。酒厂女工黄连英所在的大坝小组就属于这种情况。黄连英家住的是砖平房，已经"穿衣戴帽"，但还没有建新房。黄连英说："这一片的村民没有达成统一意见改建新房，主要是因为有些人家想要挑地段，不同意抽签。而马槽小组的村民同意抽签，改建早已完成。"

村委会二是要解决资金问题。原来每户村民的宅基地大小不同，而新建房每户的面积是一样的。2013年，全村宅基地全部流转到合作社，按照3万元/亩的标准补偿给新房占地面积比原先宅基地小的村民。卢主任估计宅基地流转补偿共花费59万元左右。对于拆掉的老房子，村委会按照土坯房两平方米抵一平方米新房、砖墙房一平方米抵一平方米新房的比例补偿。对于建房，村委会规定每一户只能建一套，但是如果有的家里儿子结婚，其分户出来就可以单独建一套。

农户能否承担得起建房的资金？村委会是这么考虑的：现在新房的标准高一点，合作社建立后，村民可以以从金刺梨产业中获得的收入作为保证,从近年来的行情看,未来是能够偿还建房贷款的。大部分农户在合作社担保下贷款建房,大坝村农户建房总贷款约 1400 万元。贷款利息由合作社先垫付。农户每年年底以合作社分红等各种收入偿还本金。如果农户年底在合作社的收入达到 5 万元,5 万元以上的部分会被合作社扣下来,用于还利息。江西寨小组的李兴江家建了新房:"建新房子我们花了 35 万,装修又花了 20 多万。我们贷了 20 万,村里担保的,头两年无息,所以我们希望两年内还清。其余的钱是我们自己拿出来的。"

三、乡村旅游规划

新房建设以及上级政府配套资金带动的基础设施建设,为大坝村的乡村旅游业提供了物质基础。我们调研时大坝村已开始接待外来观光、避暑的游客。卢主任为我们算了一笔账:一名游客在村里一个月包吃包住的费用是 1500 元,按照新建楼房每栋容纳 10 人,每人在村中避暑 2 个月计算,一户农户可收入 3 万元,相当于一户全年的生活费。

虽然旅游带动的餐饮和住宿是农户个体经营的,但村委会仍然有总体规划。一是尽可能多地让村民参与到第三产业建设中,避免农户个体经营可能出现的恶性竞争。村委会规定提供住宿服务的不得从事餐饮,做餐饮生意的不得提供住宿服务。大坝村一共有 10 多户经营农家乐(餐馆),他们是由村委会按照"会做菜"和"讲究卫生"两个标准选择出来的。经营住宿的农户则是由村委会选择的有意愿并且有游客接待能力的农户,这些农户需要在村委会登记,获批后方可运营。老会计杜贵成介绍说,本着"不与民争利"的原则,包括他在内的村委会班子成员虽然已经入住新房并有游客接待能力,但都没有接待避暑的游客,只是偶尔接待来村交流考察的外地干部。

二是根据村民小组的不同情况进行分工。卢主任说:

> 按村里的规划,江西寨的33栋房子可供老人避暑用,每人每月1500块包吃包住,未来会统一建食堂,村民家只管住宿,不管吃饭。这是第一种模式。第二种模式是大坝、马槽两个自然村(村民小组),接待分散的游客,每人每月700块,游客自己做饭。下一步我们要搞村民的思想建设,提升村民素质。现在村户中还有环境卫生问题,有的客厅里面很乱很脏,随便丢垃圾。有的还思想落后,比如2个老人来避暑,我们村民一定要男住男,女住女,不能一起睡。(笑)

第七节 合作社招工和"全民就业"

大坝村三产融合的实施为推动村集体范围内的"全民就

业"打下了基础。如前文所述，2017年合作社里有21位拿月工资的员工，这21个人同时负责酒厂投产前的筹备工作，也帮助管理合作社的800亩脆红李林、属于村集体的20亩金刺梨林。他们每月固定收入为2400元，年龄基本在30岁到55岁之间。此外，还有56位村民管理入社农户的金刺梨林，由合作社支付管理费和采摘费。单家农户管理金刺梨树最多的达到3000多株，其管理费和采摘费两项收入可达4万元，在当地相当可观。

预计新酒厂投产后，需要200个左右的工人。大坝村本村劳动力尚不充足，需对外招募。在大坝村，第三产业对就业的带动作用主要体现在住宿和餐饮服务方面。大坝村民未来可以实现在家门口就业。

合作社的村民就业安排兼顾公平和效率，既要让劳动效率高的人获得合作社的就业岗位，也要让其他人都有活儿干。刘大成既负责金刺梨林的劳动管理，也负责合作社招工和劳动监督，他说：

> 我们每年农历腊月开始报名，二月份上班，合同是从农历正月开始到腊月二十六结束。去年（2016年）有30多人报名，今年有60个。我们选了21个之后，其余的39个就给他们安排管理金刺梨（林）的工作，一定要这么安排，让大家都有活干。去年（2016年）摘果

子的时候，我发现有3个妇女每人每天挣了700元，合1400斤果子，这3个人我今年就把她们招进合作社酒厂了。

我们对"让大家都有活干"想再确认一次，因此问："有没有酒厂干不好，金刺梨林干不好，不要他干活的？"刘大成再次确认："就算不要他在酒厂干，也要让他管理金刺梨（林），从来没有过报了名但没有活干的。"

那么，报名的这些人是愿意进厂还是愿意管理金刺梨林呢？刘大成说：

大部分人愿意管理金刺梨（林），管理金刺梨（林）一年收入最多的可达4万多，比如管理3000株金刺梨（树），再打3个月零工。如果进厂的话，平均每月2600元（包括加班费），一年就是31 200元，这是一个稳定的收入，在工厂装酒也不会日晒雨淋。所以进厂做也是很受欢迎的。虽然大部分人愿意承包金刺梨（林），但也没有那么多给大家承包。江西寨和鸡笼关并入我们合作社，但他们的金刺梨（林）还是自己管。

刘大成负责给在合作社拿固定工资的21人记工分。工人们一天工作8小时，每月保底收入2400元。装酒赶工的时候工人需要加班，加上加班费每月能挣到 2700~2800 元。基本工资没有差别，那么大家的劳动效率如何呢？刘大成有办法应对少数工人效率不高的问题，包括调岗位，也包括提上日程的"机器配合人工"：

> 现在工人干一天，是拿一样的工资，相当于 92.3 元一天，所以工人之间工资上没有差别。我并不担心。在合作社的 21 个工人中只有 4 个人比较懒，他们干活我需要盯着，其他人都好。明年只要他们 4 个锄草，不要他们剪枝、管理金刺梨（林）。另外，合作社跟工人签的是一年的合同，一年筛选一次，把懒的换掉。现在已经是第 4 次了。等酒厂建好以后，装酒是一分钟 50 瓶，你手脚慢就跟不上机器，以后这个都不用我管，其他组员都不想要你了。

合作社女工黄连英描述了酒厂的劳动情况，提到工人大部分是女性，但是带工的是男性：

> 在酒厂里面，有一个负责人带着十几个人做。带工的是男的。那十几个人中女的多，男的少……在这里上班，缺勤一天，也会扣一天的工资。（上班时间是）每天早上 8 点到中午 12 点，下午 2 点到 6 点。平时一起干活的有 17 个人。很多时候是一大群人一起干，有时候只有几个

一起。这17个人里面，不少工作了4年，也有只上了1年班的。

黄连英说，在地里干活儿一般没那么紧张，在酒厂装酒则比较紧张，这是因为存酿桶一旦打开就要尽快装完。但大体来说，工人们在合作社的劳动有一半时间在酒厂，一半时间在地里照看金刺梨林和脆红李林。村里在进行工作分配的时候，会考虑公平地轮岗。有没有人会偷懒？黄连英倒是认为：没有，（大家）都是一个村的人。

第八节　可能的挑战

大坝村发展迅速，然而这背后也隐藏着一些风险，其中最突出的就是债务风险。除上级政府的专项资金支持和大兴支书的个人贡献外，大坝村建新房、收购金刺梨、维持合作社运营等都是依靠从当地信用社和城投公司贷的款。我们调研时，大坝村已有4800多万元的债务，每个月需支付利息30万元。大兴支书告诉我们，如果未来不与城投公司合股运营，而将建设酒厂的资金算作贷款的话，大坝村的债务总额将达到1亿多元。这种情况下，只有酒厂未来的每年产值达到4亿~5亿元，才可能维持债务平衡。

在集体经济模块中，大坝村村民最大的收入来源依然是合作社。除去给村民的管理费、采摘费，垫付的银行利息，其他各项成本，以及每年的分红，合作社剩余的储备金并不多。

还有一个问题是人才的缺乏。首先是管理人才的缺乏。大坝村的村委会是有奉献精神的一支队伍，成员朴实肯干。但大兴支书更希望班子成员能对各项决策有自己的意见。其次是技术人才的缺乏，金刺梨育苗技术、种植技术以及酿酒技术方面的人才都还不够。也正是因为没有掌握果酒酿造的技术，大坝村每出产一斤酒，都需要抽成给外界的技术团队。

此外，地方产业同质化是大坝村面临的一大挑战。安顺地区金刺梨的种植规模扩大曾经影响到合作社的金刺梨销售。面对这一问题，合作社以建立酒厂发展第二产业加以化解。但随着周边地区果酒加工厂越来越多，大坝村面临的市场竞争压力也会逐渐增大。如何避免区内的同业竞争？这需要上级政府在做区域经济的统筹规划时进行协调。

第四章
土古洞村的集体经济之路

土古洞村位于河南省洛阳市新安县铁门镇往东南方向5公里处，背靠郁山国家森林公园。从土古洞村开车前往新安县县城仅需10分钟，走高速公路前往洛阳市仅需半个多小时，土古洞村离郑州市、三门峡市也不远。

自20世纪80年代以来，每当外部社会经济环境发生变化，土古洞村的村"两委"总能主动调整村庄发展思路，抓住契机，探索新型集体经济发展模式。土古洞村的新型集体经济发展可以分为三个阶段。自20世纪80年代中期至90年代是起步阶段，该阶段主要从人民群众的生活需求出发，回应村民们的民生需求。20世纪90年代则是土古洞村谋求产业发展的阶段。自21世纪以来为第三阶段，土古洞村的发展模式调整为以农业休闲旅游业为主要产业。（见图4-1、图4-2）

第一节　起步：听民意多方集资　为民生义务出工

　　土古洞村在创办以第二产业为主的集体经济之前，重建村"两委"，深入了解老百姓的困难与需求，采取民主集中分步解决的方法，回应了民生问题，赢得了村民的信任，树立了村"两委"的威信，为全村走上集体经济道路打好了基础。在这一阶段中，我们发现，除了通过回应民生要求赢得了民心之外，土古洞村还摸索出了一整套适用于集体经济的具体工作方式。这套方式是：通过民主集中的方式征求村民意见，鼓励村民义务出工；不仅向县里争取资金，同时也向村民、村干部集资。

　　1982年土古洞村接到上级的指示进行分田到户。分田之后，人均获得1.4~1.5亩土地，村民们仍旧以种地为主。自分田至1996年，土古洞村没有再对土地进行调整。90年代开始，村民中有人外出打工。1985年，土古洞村的村党支部、村委会重建。彼时的郑书记从1983年开始先后任村民小组组长、生产队队长。新的领导班子上任之后征求村民意见，将村民们提出的民生问题分门别类，一个个解决。比如，村"两委"首先处理较为混乱的经济账目问题，把涉及账目的双方拉到一起，协商定出还款协议，欠款方按照协议逐步还款。除此之外，土古洞村于1986年对过去从富农家收来的四合院进行了修缮改建，回应了村民关于在村里建小学的呼声。当时为建小学，扶贫单位税务局资助了几万元钱，另外，村民也出了资——村民们交粮食给村"两委",村"两委"卖了粮食换钱,将其中的一万多元拿了出来。那时候村里能够修建学校是很不容易的,村"两委"为了纪念小学的修建还立了一块碑。1997年,村里又建立了新的学校,旧校舍的四合院后来成了村委会办公室。

1989—1990年,村里又解决了村民吃水难的问题,这次依然采取了修建学校时用的方法,发挥党员带头的作用,发扬村民们一起出力的精神,再结合国家的帮扶,完成了饮水工程。土古洞村的干部们"晴天一身灰,雨天一身泥"的传统就是从那时候开始的。2008年,土古洞村又对管道进行了复修,便于村民日常生活。

修路也是村民们提出的民生问题。土古洞村的路修过3次。1987—1988年,村民们对村庄道路进行了第一次修缮,他们投入劳动,将土古洞村的路修成了平整的土路、牛车路。1997—1998年,县委书记来考察土古洞村学习南街村的情况,为支持土古洞村的发展,县里决定支持村里修一条柏油路。村里用国家为安置小浪底移民下拨的一部分钱完成了修路的基础工程,县公路局帮着铺好了垫层和柏油。于是,土古洞村成为全县最早有柏油路的村庄,长2.5公里的柏油路与村外大马路相通。这是村民出力与国家出补贴相结合的成功案例。2015年,这条路又经历了一次修缮。为纪念修路的成绩和精神,土古洞村也立了一块碑。(见图4-3)

在建学校、解决饮水问题和修路的过程中,土古洞村展现出的工作特点是：尊重村民意见，党员带头劳动，发挥集体出资、出工的力量，争取上级支持。这个时期的土古洞村虽还未正式迈入集体经济阶段，但所采用的工作方法是非常宝贵的，取得了显著成效。

第二节 调地：抓住调地契机 发展集体经济

自20世纪90年代以来，土古洞村首先发展了煤矿、饮品厂等第二产业项目，进入新世纪后，发展了农业休闲旅游业。土古洞村的党员干部作为发展集体经济的带头人，有着灵活机动把握历史契机的能力：首先抓住学习南街村的机会，确立了土古洞村发展集体经济的方针；随后抓住小浪底搬迁调地的机会，将原本分田到户的土地重新收归集体，形成了土古洞村特有的土地使用经营机制。这一机制可以概括为：村集体拥有对村内土地的所有权和经营权，以及对郁山国有土地的承包权和经营权；农户保留自留地，拥有自留地的承包权和经营权，但农户自留地的承包权服从于村集体对村内土地的所有权和经营权，农户听从集体对于土地的调整和安排。

土地调整之后，村"两委"在这一基础上首先发展第二产业。然而随着时间的推移，国家对于第二产业在规模化、技术化等方面的要求越来越高，同时，第二产业造成的污染严重，会影响村庄可持续发展；另一方面，在发展第二产业的同时，土古洞村发现了晋代藏兵洞、地下矿泉水等资源。所以，新世纪伊始，土古洞村就将这些新发现的资源和本已有的郁山国家森林公园等资源结合在一起，迈开了发展农旅经济的步伐。

土古洞村集体经济的发展离不开实际的经营行为，而这是对土古洞村集体经济经营能力的一大考验。村里的党员干部坦言，一来怕自己经营能力弱，二来怕熟人拉关系、蹭吃蹭喝。因此，大部分企业和工厂都是引资承包的性质，只有少部分是合伙经营的性质。我们在第四节对土古洞村的业态特点进行了分析，然后指出：无论哪种类型的企业，就其收益的分配方式和社会效益来说，都或多或少具有集体经济的性质；同时，党员干部的角色值得进一步分析。

一、学习南街村

1995年的土古洞村在新的村"两委"的领导下已经处理了历史账目问题，建成了学校，解决了村民的饮水问题。由于一个偶然的机会，当时税务局的江局长向已任村党支部书记的郑书记介绍说，南街村仍在走集体化的道路，还在唱红歌，树毛主席像，还有人在村里站岗。郑书记听了之后很惊讶，不敢相信，于是他跟随江局长去南街村考察了一番。回来后，郑书记感慨道：

> 到南街村一看，非常震撼，他们是大唱红歌，大学雷锋，家家户户住小洋楼，给人耳目一新的感觉，这就是社会主义的方向。

郑书记回来之后就召开了会议，从村"两委"干部会议到党员会议，再到村民代表大会，层层召开，对是否也走集体经济的道路展开充分讨论。郑书记将从南街村带回来的两张记录南街村集体化道路的光盘发给村民小组，让7个村民小组轮流观看。村委会继续组织村干部、党员去南街村考察学习。经过两个多月的考察学习和不断讨论，大家发现个人单干、零打碎敲地搞发展的确不好，南街村通过走集体经济的道路确实干得好。最后，全村80%的人同意学习南街村，统一将土地收归集体，办企业，走共同富裕的道路。土地重新集体化和开办煤矿等是土古洞村向集体经济迈出的第一步。

二、土地重新集体化

土古洞村在对土地进行重新调整的时候遇到了很多困难，村子于1995年确立了走集体经济道路的发展方向，直到1996年村"两委"才借河南省小浪底水库建设的机会开始了对全村土地的重新调整。土古洞村为安置从小浪底迁过来的移民，需要从本村土地中拿出450亩。村"两委"决定借着这个机会，调整全村的土地。土古洞村不仅划出了安置移民的土地，还为本村村民规划了新村住宅区，推动村民改善住房条件，鼓励村民从村里的老区搬出来，空出老区，预留集体用地，为土古洞村进一步发展第二产业和以农旅经济为主的第三产业打下基础。

1996—1997年，在土古洞村为安置小浪底移民调地征地时，国家对水浇地和旱地的补偿标准不同。旱地是按3000元一亩补偿，水浇地是按5000元一亩补偿。为了多争取一些补偿款，土古洞村打出了村里第一口井，增加了水浇地的面积。最后核算时，土古洞村被征收了200亩水浇地和250亩旱地。村子凭借这450亩安置移民的土地一共获得了国家175万元左右的移民安置费。这175万元左右的安置费收归村集体，主要用于村里修路、打井等基础设施建设，发放调地补偿款，发展集体经济产业，等等。

如何在调地的同时让土地重新集体化呢？村"两委"打破了原有的以生产队为核算单位的制度，将全村土地作为一整个核算单位。全村统一先为安置小浪底移民划地，拨出土地安置了移民之后，从剩下的土地中留下1/3作为集体用地，其余土地由全村村民平均分配。当时全村一共有2000多亩土地，扣除移民调地划出去的450亩地，再扣除包括新村用地（120亩）、集体修路、果园和企业用地（180亩）在内的集体用地300亩，还剩1250多亩地平均分配给了当时的850位村民。2019年全村人口增长至1050人，人均土地不足1亩，每户每年可按 1000 元 / 亩获得调地补偿。

古洞村对本村的土地施行"集体个体一起上，两个轮子一起转"的方针，即土古洞村的土地既没有联产，也没有确权，全村土地归村集体所有，村"两委"有处置权和经营权。2019 年，郑书记说，县里口头上同意了土古洞村的土地暂时不确权。

分给每户村民的土地是每户的自留地，村民可以自己生产基本口粮。对于其余土地，村"两委"可以集中起来用于发展第二、第三产业。直到现在，土古洞村还保持着每隔 3~5 年根据实际情况对土地进行调整的做法，以保持土地的平均分配。

我们从村"两委"的会议记录中查阅到了 2010—2011 年土古洞村调整土地的情况。2010 年 7 月 15 日的会议记录记载了分地的规则：娶来的媳妇，以是否有派出所户口为准决定是否分地；嫁出去的姑娘，出嫁两年后不再分地；户口已转出的大学生，正在上学的可以分地，已毕业的不分地；户口虽在但两年不见人的不分地。

2010 年，为配合温泉山庄的运营，发展以观光、采摘为内容的农旅经济，村里规划种植果树，由此对土地进行了调整，调出了种植果树的土地并对村民重新分配了土地。

第三节　转型：第二产业功成身退　第三产业方兴未艾

　　土古洞村的产业发展经历了一个自第二产业向第三产业转变的过程。村子第一产业占比较小。国家对土古洞村的郁山国家森林公园林场具有所有权，土古洞村具有使用权。2016年，土古洞村将一座200亩荒山的经营权转给了一位村民。该地块承包期为30年，由该村民经营，其每年向村集体支付总额为45万元的承包费和管理费。村子以不同方式先后尝试过的第二产业项目包括煤矿、基于打出的泉水而开办的饮品厂、砖厂、瓷厂、制药厂、建材厂，第三产业项目包括东方红美食城、温泉山庄、桂花山庄、藏兵洞和水上乐园。村子另有属于公益类机构的毛泽东纪念园。该园对外不收门票，而是与土古洞村的其他农旅项目一起，形成整体的农旅业态。纪念园由一位喜欢毛泽东、收藏了几万册和毛泽东有关的书籍的企业家投资建成。经村"两委"同意，该企业家在土古洞村的10亩地上一次性投入300万元，拥有这10亩地的使用权，以此建造了毛泽东纪念园。园内的粉刷、毛主席像的制作维护及日常水电维修等费用和服务人员的工资由土古洞村负担，一年有几万元。

　　从20世纪90年代中后期至新世纪的最初几年里，土古洞村发展的第二产业项目为土古洞村的集体经济做出了奠基性的贡献。随着市场和政策的变化，如今仍在运作的有瓷厂、建材厂和饮品厂，其中只有饮品厂由本村村民承包、运营（见图4-4）。

土古洞村早在 1987 年就开办了股份制煤矿。那时，村子已完成分田到户，新领导班子也已确立，但尚未受到集体经济道路的启发，村民普遍不富裕。为办煤矿，村"两委"尽力找富裕一点儿的村民集资。干部根据个人能力，有出一两万元的，也有出几千元的；郑书记为了筹资，卖了家里的几头牛。煤矿 1000 元一股，一共筹了 10 多万元，参与集资的村民最少的买了 5 股，郑书记买了 10 多股（股份最多）。地质勘测结果表明，土古洞村地下 115 米处有煤矿。但是，矿井打到 80 米的时候，股金花完了，无法继续往下打。在大家想放弃的时候，郑书记以个人名义贷款 3 万元支持继续打井，并宣布如果挖出煤，大家就一起分红，挖不出煤，自己承担损失。这番话一下子鼓舞了人心，后来矿井里挖出了煤，煤矿开办起来了。

1995 年全村确定走集体经济道路之后，村"两委"将煤矿改为集体经营，向原来的股东退股。由于煤矿效益很好，村"两委"以原股金 250% 的标准向原来的股东退股。郑书记说，这个过程并不容易，他花了两个月的时间说服所有股东退出煤矿。他还说，一个人富裕不算真正的富裕，大家一起富才算富，"群众不富我不富，民穷我富是耻辱"。

但随着时间的推移，一方面，市场对经营的要求越来越高，土古洞村村委会在经营能力上显得欠缺；另一方面，国家对煤矿开采、处理的技术要求也越来越高，土古洞村的煤是一拨一拨出的，村"两委"没有精力专门提高技术。于是，2000 年，村集体把煤矿承包给了一个外村人。承包到期后，大约2003年，正赶上国家出台对小煤矿进行技术改造和资源整合的政策。由于土古洞村煤矿每年的产量只有十几万吨，无法达到50万吨及以上产量规模的国家要求，所以有村子对土古洞村煤矿与周边几个小煤矿厂进行了整合。经过整合后，土古洞村不再开采、经营煤矿。整合这些煤矿的村子给了土古洞村180多万元，每年还付给土古洞村土地租金10万元。

1995年左右，在开办煤矿的同时土古洞村还建了砖厂，用红土做砖。砖厂生产出来的砖基本是村内消化，1997年重新修建的学校教学楼就是用该厂生产的砖。砖厂已于2000年停产。同样开办过并已经在村里停产的企业还有制药厂。该制药厂原来占地15亩，每年向村里缴纳7万元土地及建筑物租金。由于污染严重，该制药厂于2018年停止了在土古洞村的生产，搬去了新安县产业聚集区。

新安县原本在土古洞村还有一个牛场，占地五六十亩。牛场不属于土古洞村，但土地是土古洞村的，新安县为建设产业聚集区按48 000元/亩向土古洞村支付征地费。2010年牛场因经营不善而解散，土古洞村将牛场原占土地中的20亩出租给了一个瓷厂。瓷厂每年向土古洞村支付10万元，同时，必须优先安排土古洞村村民在瓷厂就业。此外，牛场西面占地10多亩的办公楼也属于土古洞村，土古洞村将其出租给了一家企业，该企业开办建材厂，每年向土古洞村缴纳10万元办公楼租金。

1990年土古洞村初步解决了村民们的饮水问题，1997年，土古洞村用国家为小浪底移民调地下拨的钱在学校附近打井，打出深约280米的水井。专家对井水进行化验后发现，水中有矿物质，井水是温度达38.9℃的矿泉水。为发挥这一资源优势，村"两委"建立了新安县土古洞饮品厂，厂子以学校附近打出的这口井作为水源。

投资建立饮品厂的企业负责人主要靠银行贷款建厂，4年后厂子因经营不善，无力偿还银行贷款，无法向土古洞村缴纳管理费。2002年开始，村"两委"将厂子承包给了另外一位外来企业家。饮品厂用差异化竞争的方式，只生产大桶水，每年向村子支付承包费10万元。但到了2008年，村"两委"发现承包者掠夺式经营，只为盈利，不更换设备，甚至拉来外面的水充当土古洞村的矿泉水，水的质量下降，厂子差点关闭。村"两委"及时收回了饮品厂，并希望重新打开市场。不过，最终决定还是要将饮品厂承包出去，因为如果不承包出去的话，就会产生人情往来问题，如各种熟人蹭水用。为同时避免外来人承包造成的掠夺式经营以及熟人搭便车占便宜的问题，村"两委"在村里招标，厂子由土古洞村村民自己承包经营，这样也方便村"两委"监督。于是，2009年厂子实行对内承包，经营权归中标者，中标者可寻找其他股东。厂子后来有10位股东，承包者须每年向土古洞村缴纳10万元承包费。

有位入股的村民介绍了当时的情况:村"两委"号召村里人入股饮品厂,但是村民普遍观望,于是村"两委"号召村干部带头。这位村民跟家人商量后决定,响应号召,以 2 万元入股。最后,村干部、村干部的亲戚以及这位村民一共 10 个人一起入了股。后来,这位村民也就在厂里工作了,负责送水、宣传、处理各项杂事。厂子分红和一个月 750 元的工资是他家的收入。2018 年的时候,股东换了一批人,他是退出的股东之一,他说因为自己不想再操心,也不想和新入股的人一起合伙。

2005 年,土古洞村兴建了东方红美食城,开了 3 年,生意非常红火。由于前景较好,村"两委"决定在美食城的基础上,借助本村有地下矿泉水的优势,于 2008 年动工兴建温泉山庄,将其打造为集住宿、会议、餐饮、娱乐、洗浴为一体的休闲娱乐区域。

温泉山庄于 2009 年正式营业。建设经费一共 1500 万元,其中,120 多万元的启动经费由村里出。2008 年,恰逢香江万基铝业集团向村子征地建尾矿库,其向土古洞村支付了 700 万元,村里将这笔钱投到了温泉山庄的建设中。余下还有 680 万元的缺口,村"两委"从县政府那边争取到了 100 多万元的款项,支付给工程队后还有 500 多万元的款项。村"两委"与当时来自本村以及其他地方的负责水电、装修、消防、主路的五六个工程队商议,先欠款,等温泉山庄营业之后返还欠款。

温泉山庄开业之后，生意红火，连外省的人都来这里开会、旅游，每年毛利100多万元，工程款3年后还清。

温泉山庄营业约两年后，由于人情往来问题，蹭吃蹭喝蹭玩的现象增多，2011年村"两委"把温泉山庄承包出去，承包费每年80万元。先是承包给了地产开发商"外滩一号"，其因民间借贷太多无力承包下去，后来村子又于2018年把温泉山庄承包给了华美宾馆。2018年，华美宾馆投入200多万元、土古洞村投入50万元对温泉山庄进行改造修建，装电梯、暖气，新增了室外的温泉池子。它们在修建过程中发现，温泉只靠地热水温不够理想。根据国家的环保要求，水不能用煤加热，只能用电或太阳能。另外，要将温泉水温保持在45℃，洗澡水温保持在41℃，同时还要考虑成本问题。此次的改造修建计划一并解决这些问题。

村"两委"原想单纯将温泉山庄承包出去，不参与日常管理，但华美宾馆为降低风险主动向村"两委"提出改承包为合伙经营。村"两委"接受了提议，将合作方式确立为：第一年土古洞村不收取华美宾馆承包费，第二年向其收取30万元承包费，以后每年收取50万元，并可据具体经营情况调整每年的承包费。与此同时，温泉山庄的法人仍是村党支部委员会委员，温泉山庄的会计由村"两委"委派，其掌握公司的账目情况。村里控股51%，华美宾馆控股49%，具体分红方案待定；分红方案确定之后华美宾馆是否还须每年向土古洞村缴纳承包费待定；温泉山庄的行政事务由村"两委"负责，对外营销由华美宾馆负责。温泉山庄于2019年完成修建，再次对外营业。

2015年土古洞村又建立了桂花山庄，占地10亩，由个人承包，按每亩地每年1500元支付土地租金，管理费为10 000元/年，承包人可以使用土古洞村的机井、水池，总计每年支付给土古洞村25 000元。2018年，为与其他旅游项目配套，土古洞村还修建了水上乐园，这是与温泉山庄类似的合资企业而非承包企业。土古洞村"两委"负责向上级领导提出申请，将12亩耕地变更为建设用地，以及负责出变更费20万元以及办理相关的证件。建设水上乐园需180万元，其中150万元由两名拿下这个项目的村民出，另外30万元由村"两委"出。投资该项目的两名村民每年按1000元/亩向土古洞村缴纳土地租金，管理费为10 000元，他们每年总计向村里缴纳22 000元。

据村"两委"介绍，由于土古洞村施行的是"村账镇管"，村里安排记账员，村子的账目在镇上，镇上有专门的监督委员会、监委会主任，村里大于1000元的款项结算都要镇长审批，所以村"两委"对于村庄每年的收支只掌握概数。以2018年为例，除去刚刚修建完毕尚未有营收的温泉山庄，土古洞村其他产业年收入为122万元左右。而温泉山庄营业额较好时土古洞村一年可获得50万元利润，少的时候则有30万元利润。

除上述村级产业所获收入之外，土古洞村每年从旅游门票费上可获得10万元左右收入，主要包括藏兵洞门票、郁山国家森林公园门票以及老村窑洞红色文化游览门票。1990年村民挖窑发现了藏兵洞，并留意保护了起来。考虑到函谷关就在土古洞村附近，村"两委"的干部们查阅了历史资料，也请了县里的专家来看，鉴定出这个藏兵洞是晋代的。土古洞村的其他收入还包括每年上级政府就绿化、污水处理、道路整修等事宜向土古洞村划拨的20多万元。

2014—2019年，土古洞村的支出大多来源于集体经济的收益，主要分为四个部分。

第一个部分的支出是每年必须发给村民的调地补偿，按1000元/亩支付，人均不足1亩，按全村一共1050人算，每年要支出70多万元。

第二笔大的支出是人员工资。村干部9人，幼儿园老师2人，小学老师2人，管水与兼工者3人，负责村容卫生者4人，绿化带工人4人，一共24人的工资开支每年是20多万元。

第三个部分的支出是土古洞村的公益事业支出。70岁以上的老人免交合作医疗保险，每年的重阳节村里会给老年人发放补贴，70岁以上者每人100元，80岁以上者每人300元，90岁以上者每人500元。村里上大学的每人每年可以领取500元，上高中的每人每年则能拿到200元。土古洞村小学有两个贫困生，教育局每学期会给每人400元。教师节的时候，村里会给每位教师发100元钱，平常也会给公办教师每个月70元的补助。学校保安的工资是由新安县的一家公司支付，保安是村里人但不享受村里给学校的福利。过年时，村"两委"还会慰问老年人、贫困户。村民平时的生活也有各种福利：电、生活用水在一定额度内都是免费的，超出一定额度的部分付费。村民平时如完成村里的义务劳动，村"两委"则会在春节时向他们发放油米之类的福利，村民如果在家但未完成义务劳动，就无法获得春节福利。这部分支出一年大约为3万元。以上三个部分的支出加起来已经100多万元了，与土古洞村集体的年收入大致相等。

第四个部分是基础设施建设上的支出，项目一般包括绿化花坛、买树苗植树、环境治理、村墙喷绘等，这部分支出每年的金额不等。村子还曾完成石板路的铺设，人工湖、人工瀑布、3个公共厕所以及老村改造的工程。如果上级拨款不到位，村"两委"则需要去借钱搞建设，先完成建设，欠款慢慢再还。

第四节 分析：引资承包 合伙经营

郑书记这样总结土古洞村红色旅游的特点：上山，入洞，下水，洗心。上山指上郁山国家森林公园游玩，入洞指游览地下藏兵洞，下水是下温泉，洗心指用红色文化洗涤心灵。土古洞村发展的红色文化旅游、冬暖夏凉的藏兵洞的游览不受季节影响，在冬天这种旅游淡季游人可以泡温泉。

从经营方式上看，土古洞村集体经济的产业分为引资承包与合伙经营。荒山、饮品厂、瓷厂和建材厂都属于引资承包。不同的是，荒山和饮品厂都是本村人承包，而另外两个厂则是外来人承包。在农旅方面，桂花山庄既有引资承包的成分，也有合伙经营的性质。引资承包的便利之处是，土古洞村只需每年收取定额租金，避免熟人搭便车，减少村"两委"直接经营管理的工作负担。而水上乐园与温泉山庄虽然也有一定的承包的性质，但都属于合伙经营，在2019年我们调研时都刚刚起步，日常的管理职责和分红方式尚不明朗。

土古洞村的集体经济在发展过程中有这样几个值得注意的地方。首先，在访谈中，郑书记对集体企业和非集体企业的划分是看集体是否参与股份或参与合伙经营。然而事实上，土古洞村集体虽然不参与对外承包企业的日常管理，但每年都会收到这些企业缴纳的租金与管理费，这些收益均用于服务土古洞村集体。王景新等[①]曾对集体经济做过如下界定：

> 能够有效提升集体经济综合实力、增加集体成员收入和保护其合法利益的一组经济关系和制度安排。它规定所有权的归属方式、占有方式、基本制度、经营管理方式以及分配方式。

---

① 王景新，彭海红，老田，等.集体经济村庄[J].开放时代，2015（01）：11-73.

按照这一界定，在土古洞村，引资承包企业与合伙企业所使用的土地所有权归土古洞村。土古洞村集体虽与引资承包企业的所有权、基本制度和经营管理无关，但是这些企业的部分收益归土古洞村集体，收益分配反映了村集体对公共利益的重视。对于合伙企业来说，土古洞村则拥有部分的所有权与收益权，参与基本制度的制定和日常的经营管理。所以，无论是引资承包企业还是合伙企业，都带有集体经济的性质。

但如果只接受郑书记的划分方法，矛盾的情况就会出现。郑书记把经历过对外承包、收回管理并再次由村干部和村民承包的饮品厂划为集体企业，但把建材厂和瓷厂划为引资承包企业。原因是饮品厂的股东里有村干部和村民，作为股东的村干部和村民可以获得分红，且平时也会参与管理和决策，同时饮品厂每年还要向村集体缴纳承包费。瓷厂是对外承包的，每年向土古洞村集体缴纳承包费，土古洞村村民还拥有优先在瓷厂就业的权益；建材厂也是对外承包的，土古洞村无人参与日常管理。

但是，这三个企业实质上都是引资承包的性质，村集体从这3个企业中收取承包费，不参与分红。只有饮品厂，一部分村干部与村民个人作为股东参与决策管理，既为自己谋取利益，也为村集体谋取利益。在具体的经营方式上，温泉山庄和水上乐园则与饮品厂不同，对于前两个企业来说，土古洞村集体既引来了外部的资金，也参与了这两个企业的经营和分红；而对于饮品厂来说，是村干部与村民个人而非土古洞村集体参与企业的管理和分红。

对于土古洞村各企业性质的理解引出了两个相互关联的问题：第一是如何理解村干部、村"两委"在发展集体经济中的角色；第二是村集体应该以怎样的制度或原则去确立村集体和村集体所办企业之间的关系，才更有利于村庄集体经济的发展。

先看第一个问题。起步时期的集体经济总会遇到资金短缺的问题，土古洞村每次遇到资金难关的时候，除了向上级政府争取支持之外，都是由村干部带头出资，同时鼓励村民出资。但村民中有经济实力且愿意承担市场风险的人毕竟是少数，而村干部则靠借贷或变卖家里的牲畜等能够筹集到一定的资金。于是，村干部实际上承担了集体经济启动初期的风险，同时也获得了开创人的身份，他们个人可能成为引资承包企业的股东，也可能在村集体与外部资本合伙经营的过程中代表村集体管理合伙企业。村干部自身在集体经济发展中起到的作用和理应占据的位置值得深入探讨。

再看第二个问题，在土古洞村这一案例中，村集体举办或参与举办的企业和村集体之间存在两种关系。一种是引资承包企业和村集体之间的关系，村集体收取承包费，或管理费加土地租金，并将这部分收入投入村庄的公共事务以及后续的产业发展上。另一种是合伙企业和村集体之间的关系，村集体不光收取承包费，或管理费加土地租金，还由村干部作为代表享有企业部分所有权，参与企业内部的经营管理。我们或许需要在后续的研究中进一步关注，这两种关系应如何推进才能更有利于农村集体经济的发展。

虽然土古洞村这两种类型的企业都带有集体经济的性质，但同时我们也发现，土古洞村集体经济的收入有80%来自土地和建筑物的租金和管理费。在我们调研时，合伙经营的企业都刚刚起步，尚未分红，我们还无法评估成效。土古洞村的经营方式很容易被批评为"靠土地财政吃饭"。对此，我们认为，一来要分析各个企业的实际运营情况以及土古洞村是否仅以收取租金这一经济目标为主导目标；二来要追问集体经济的收益去向何处；三来只有回答了村集体如何确立它和它所举办或参与举办的企业之间的关系，才能回答该村集体是否只靠土地财政吃饭。

值得注意的是，虽然村"两委"的干部们不介入引资承包企业的日常管理，但村"两委"对于企业经营仍旧起到了监管和守住底线的作用。2008年村"两委"收回掠夺式经营的饮品厂就是这样一个例子。所以，土古洞村的引资承包并非无底线的放任自流，坐收土地租金、管理费或承包费，引资承包关系中暗含了村"两委"代表村集体对承包企业的无形监管。对于这一点，后文还会结合村干部在集体经济中的地位、作用和局限性做进一步探讨。从整体上看，土古洞村并不想以收取租金这类靠土地财政吃饭的方式作为自身发展的主导方式，而是试图围绕农旅产业发展合伙经营的企业，同时按照国家对环境治理的要求逐步减少第二产业的份额。

土古洞村集体经济发展的实际经验启发我们，如果所有企业都能被纳入一个以增强村庄公共利益和可持续发展能力为目标的整体发展框架，由村"两委"代表村集体进行统筹管理，那么无论村"两委"是根据既有的公司制度参与管理，还是像监督饮品厂那样从村庄公共利益出发进行外部监管，都有可能使村庄避免走上单纯靠土地财政发展之路。

最后，从租金、管理费这类收益的去向来看，土古洞村的集体经济都没有分红，曾经的少量积累也都尽数投到了扩大再生产中。比如，从东方红美食城到温泉山庄，东方红美食城的积累成为建设温泉山庄的起步资金。村民们得到的实惠主要体现在本地就业、领取调地补偿、村内基础设施的改善、免费用水、住房改善以及获得公益服务上。那么，村民们的收入情况是怎样的，土古洞村还为村民做了哪些事？

第五节　优势：人气村庄　安居乐业

村集体经济的壮大让土古洞村拥有了新的顺口溜——走进土古洞有四多，一是姓氏多，二是好山好水长寿老人多，三是大学生多，四是打工族多。

土古洞村的发展有目共睹，其发展并不局限于经济，还让整个村庄拥有了活力。与我国农村常见的空心村或老人村不同，土古洞村充满生活气息，家家户户都有人，时常有中年人和青年人的身影。土古洞村是一个有着基本社会体系且运转良好的村庄，村庄政治、村里的企业、村庄的社会生活以及文化生活相辅相成，形成了一个整体。接下来我们就从村民的就业、收入、居住条件、入学及福利几方面呈现农村集体经济为村民带来的实惠。

一、村民本地就业

青壮年流失是我国农村的常见现象，然而在土古洞村，大多青壮年选择了留在家乡。本村集体经济产业的逐步发展可以为越来越多的村民提供就业岗位，这是安居乐业的基础，也是凝聚人心的底气。

村"两委"对15~55岁的女性以及15~60岁的男性进行基本信息登记，以便为其安排工作。新安县包括土古洞村有一些在本地开办的企业，比如香江集团、电力集团、碳素厂、铝加工厂等，村"两委"帮忙安排本村村民去这些企业就业，但大多数是男性，每月收入3000~5000元。我们调研时发现：村里的年轻劳动力基本在电厂工作，有70多人；还有40~50人在瓷厂工作；年龄最大的有70多岁，工作是在村里打扫卫生，每天收入100元；女性村民则大多在本地饭店、宾馆干活，每月收入1500~2000元。村民就业问题的解决让年轻的村民愿意扎根村庄，土古洞村也更加具有活力。

二、贫富差距较小

土古洞村的村民贫富差距较小，全村的人均年收入大致为2万元。按照郑书记的话来说，"我们村没有暴富的，也没有特别贫穷的"。我们调研时，村里收入最高的是搞运输的一户人家，家里有5口人，两辆大车，一家人年收入20万元，人均年收入4万元。如果家里的劳动力都在工作，这样的家庭人均年收入3万~4万元，属于村里较富裕的家庭。村里还有两个五保户，十来个贫困户，人均年收入5000元左右。家庭人均年收入15 000元在村里属于中下等水平。

正式村干部的基本工资一个月1000多元，一个月出勤22~24天算全勤；主要是为村里干体力活，出一次工补贴50元。一个村干部一个月的工资差不多2000元。另外，村里后备干部没有工资，他们只参与村里大的决策，但不参与日常的工作，后备干部的收入来源为个人务工。

三、统一搬进新村

土古洞村为改善村民居住环境，对村民居住地进行了整体规划。2001年，借助小浪底建设水库时土古洞村调地安置移民的机会，全村开始集体向新村搬迁，最初搬迁的是修水库需要动迁的45户。当时村里对搬迁的45户按原有宅基地的面积进行了补偿：平房100元/平方米，砖瓦房90元/平方米，土瓦房80元/平方米，土窑洞30元/平方米。对于拆迁户，村里采取的方法是先拆迁者先选房，新房统一由村委会找承包商来建。有少数拆迁户因为资金不够，采取了按照村里规划自建房的方案。村里统一建房的标准是一栋房屋长10.7米，宽9米，占地200多平方米，村里建房的价格是每套2.3万元。拆迁户用自家的拆迁款用于支付建房费用，多退少补。

　　搬入新村的村干部和村民大多分阶段盖房、装修房子，盖好一楼后过几年手头宽裕了再盖二楼，没钱装修就等过几年攒够了钱或借钱再装修。按照村"两委"的规划，拆迁户解决自己住房的同时，儿孙结婚用的住房能解决的也可以一并解决。本村村民无论贫富，基本住进了新房。其他村村民要结婚的大都要求必须在县里买房，不买房不能说亲；而土古洞村的年轻人则不用，他们在县城里买房的不多。一来土古洞村离县城近，二来土古洞村基本完成了新村建设，村民们都搬进了新房，新房的设施并不比县里的楼房差。

四、本村儿童就近入托入学

　　1997年，土古洞村新建了小学，解决了村里孩子上学难的问题。2019年，土古洞村小学有一到五年级，学生82个人，老师6名，其中，2位是民办教师，4位是公办教师，包括校长在内的公办教师都不是本村的。村里小孩几乎都在村里上学，只有四五个在县城里做生意或在县城买房了的家庭把孩子带到县城读书。村里基本没有留守儿童，多数家长都在附近的电厂、瓷厂上班。

2018年，土古洞村成立了幼儿园，一共4位老师，均为民办教师。村里和幼儿园各承担2位幼儿园教师的工资，每位老师每月工资1000多元。幼儿园招收本村和外村儿童，园内有四五十个孩子。孩子在幼儿园吃饭的每月缴纳1000~1200元，不在幼儿园吃饭的每月缴纳800元。村民对该收费标准较为满意，因为相比于每月收费2000元的邻村幼儿园，土古洞村幼儿园的性价比高。

五、村庄其他福利

土古洞村每年有3万~4万元的支出用于村庄公益事业，以确保集体经济的福利覆盖到全村所有需要帮扶和表彰的人。此外，村"两委"平日也事无巨细地帮助村民处理、解决日常生活中的很多问题。各家各户办红白喜事时村干部经常帮忙组织，村民出现纠纷时村"两委"也帮忙协调。

当村庄内外的企业利益、其他社会机构的利益与土古洞村集体的长远利益发生冲突时，村"两委"总是一贯地代表并维护村庄的集体利益，与它们进行谈判甚至抗争。2015年前后，上级部门曾要求土古洞村小学合并到新安县产业聚集区的新学校，但新学校离土古洞村较远，孩子们太小，上下学不方便。村干部积极与上级部门沟通，最后保留了土古洞村小学。2010年前后，某企业计划征用村里土地建设赤泥尾矿库，但因安全评价与环境影响评价一直未通过，于是村民便在原本征用的土地上种起了庄稼，后来该企业强行开车推倒了秧苗，导致村民与企业之间发生冲突。村"两委"坚决维护了村民的利益，考虑到赤泥尾矿库对村庄自然生态及村民身体健康的影响，上级部门最终将这一项目搁置。

第六节　精神：党群协力　培育集体精神

土古洞村集体精神的培育既包括党支部和干部队伍的思想建设，也包括党员干部对村民们所做的思想工作以及带动村民们在全村形成的集体氛围。

郑书记认为，土古洞村的党员干部们在思想、思路、实干、无私、无畏"五个方面"有所坚持，并坚持了"四个不怕"，即工作劳动不怕出力，为群众劳动不怕吃亏，见损害群众利益的事情不怕得罪人，为了发展不怕告状。土古洞村通过大学毛主席著作和习近平总书记著作、大学雷锋精神、配合"红八条"村规民约、大唱革命歌曲，层层推开，不断凝聚集体共识。

大学毛主席和习近平总书记的著作，巩固为人民服务的思想，坚定社会主义理想。《为人民服务》这篇文章甚至被镌刻在村口的石碑上，作为土古洞村的座右铭。同时，土古洞村还与时俱进，学习最新的理论思想和党中央重要讲话精神。党中央强调党员"两学一做"，即学党章党规、学系列讲话，做合格党员。土古洞村是"三学一做"，多加一个学毛主席著作。

党员干部和村民的思想转变并不是一蹴而就的，也经历了一些波折。按照郑书记的说法，土古洞村的发展"是告状告出来的"。这反映了村民们的思想认识与土古洞村发展集体经济的步调产生过冲突。这个冲突主要是眼前利益和长远利益之间、个人利益和集体利益之间的冲突。

1997年前后，在土地收归集体的过程中，土古洞村将全村作为一个核算单位，对土地进行了重新规划和调整。有的干部一开始也不理解。有位受访的干部说，调地的时候以全村为一个单位，整体安排的这个方式引起很大矛盾，全村很多人不同意，经过半年的时间才扭转过来。不同生产队（即现在的村民小组）的土地质量是不同的，有的队平地多，有的队坡地多；地少的生产队愿意整合，地多的不愿意。当时这位干部30多岁，年纪尚轻，认识不足，他也不同意按照整村为单位调地。有干部给他做了两个多月思想工作，他才转变想法，说："想着不会吃太多亏，吃亏也是一个村的。"他的话表现出他能从全村的共同利益来考虑问题了，个别人或个别组的暂时损失可以因全村利益的提升而获得弥补。他说："现在看来，若当初以生产队（组）为基础，每队（组）抽一片，调给小浪底移民会很乱，不像现在这样，统一规划调地之后村里很整齐。"

当时对调地方案持反对意见的还有一个村民小组，这个小组一共13户，共45人，其中9户是贫困户。该小组土地贫瘠，居住偏僻，吃水难，但他们人均有4亩地，土地较多，而村里其他村民小组人均只有2亩多地。因此，这个小组不肯调换土地和搬迁，他们怕搬迁之后，土地会变少。土古洞村还是强制执行了搬迁，但在重新调配土地的时候，考虑到那些村民的土地变少了，所以给他们分了一些肥沃的土地。然而这个小组的村民因为不服村集体的安排，把村"两委"告了，一直告到了省委。当时60多岁的老黄是这个小组的组长，他脾气倔，几次上访被截，村"两委"同志开车去接，他也不肯上车，非要自己回村。但就是这个倔强地不肯服从集体调地安排的老黄后来却说："现在土地比原来少了，但是我们的收成比原来好了。"经过这件事，土古洞村"两委"更坚定了信心。村"两委"发现，随着时间的推移，老百姓的想法是可以改变的，要对他们动之以情，晓之以理，深入细致地做好思想工作，还要各个击破，一把钥匙开一把锁。

在1997年开始调整土地、发展集体经济的时候，村里号召村民们学雷锋，培养无私奉献的精神，将集体利益放在第一位。通过学雷锋的方式，土古洞村逐步形成了人心思上、人心思进、人心思集体、人心思发展、人心思奉献的氛围，涌现出很多好人好事，而且村民们觉得好人好事并不稀奇，而是常态。

土古洞村有一户人家，打麦子的时候电出了问题，把麦子烧掉了 1000 多斤，土古洞村"两委"发动老百姓帮忙，捐了 2000 多斤，帮助他家渡过了难关。一年冬天，凌晨三点钟左右，东郁山着火，老村长通知大家上山救火。全村 100 多人上山，其中有六七十岁的老人，还有十几岁的孩子。当时县林业局、公安局看到这一幕非常感动，在其他地方，这是办不到的。不图名，不图利，无私奉献，这是集体的力量。

说起义务劳动，这是一个从村干部到村民都积极参与的事。20 世纪 80 年代，土古洞村就有着村民为自来水工程和土古洞村小学建设出义务工的优良传统。进入新世纪，土古洞村村民将出义务工转变为参与义务劳动。不论是收入较高的村民，还是收入不多，甚至是贫困的村民，大部分都会愿意参与义务劳动。现在，土古洞村分为 6 个区，区长在微信群里或者村里的大喇叭上一喊，大家就都响应了。扑火、清雪、除草是常有的事情，都属于义务劳动。支部委员一般每天都出工；后备干部平时主要忙于本职工作，但也会积极参加除草、打扫卫生、植树等义务劳动。

在这样互帮互助、无私奉献的集体风气之中，土古洞村制定了党员干部的工作制度以及"红八条"村规民约，对村干部的工作以及村民的日常出工进行记录，分别叫作村干部管理台账和村民管理台账。

村干部管理台账，是指记录村干部出义务工和每日的工作情况。台账记录上，完成了的工作内容就打钩，没完成的打叉。这个台账由村里的会计或办公室主任负责填写，每天记录。每天早上6点，村"两委"雷打不动准时开会，总结前一天的工作，商定并核对当天要做的工作，村干部工作情况从这一刻开始就被记录在案。会议一般7点结束，然后村干部各自去往自己的岗位。

村民管理台账，是指一个村里管理村民的台账，记录村民是否出义务工，它是年终评奖的依据。村民管理台账从2016年开始记录，2019年开始与"红八条"的考核细则相结合。村规民约"红八条"就"社会治安、不搞封建迷信""村庄公共事业""倡导节俭风气""执行社区三委重大决策""房屋搭建""孝敬父母、赡养老人""遵守卫生公约"和"服从自来水管理办法"8个方面进行了细致的规定，明确了哪些行为加分，哪些行为减分，以及评选"五好文明家庭""优秀青年""优秀教师""好婆婆""好媳妇"等荣誉的标准。

村里有80%~90%的人参加义务劳动，也会有个别人因为工作或者常年不在家而不能参加。参加义务劳动的村民，有年轻人也有老年人，老年人相对较多，最大的有七八十岁，最小的有二十多岁。村"两委"年底会根据出勤情况给村民发放实物福利。

"红八条"还对村子的各类人情往来进行了规定，起到了倡导勤俭节约、移风易俗的作用。村"两委"虽然不能规定村民们要多少彩礼，但可以呼吁办酒席不要铺张浪费，避免村民们为了面子相互攀比，增加负担。村里规定，随一份礼，只能去两个人。这样管理起来，群众的开支就降低了。村里甚至成立了红白理事会，村民们的红白喜事交给理事会筹划办理。红白理事会由成员义务管理，成员有村干部和党员。针对具体的喜事白事，哪些可以办，哪些不可以办，土古洞村都列明了要求。

以大唱革命歌曲为主要内容的文艺活动也是土古洞村培育集体精神的重要方式。土古洞村每天早上6:20播放10分钟革命歌曲，6:30播放新闻联播，7点播放河南新闻。村里全年有6项大型活动，每年都要举办革命歌曲表演活动，村民们在这些文艺活动中唱红歌、跳红舞。兴致高涨时，原本没节目的村民都会上台去唱，有时会唱到夜里11点。唱的歌曲有《大炼钢铁》《社会主义好》《东方红》《天大地大不如党的恩情大》等。

受访村民们对于红歌有三种意见。一种是认同村里每天广播红歌，有村民这样说：红色文化宣传让老百姓有干劲，红色教育让他们不忘本，吃水不忘挖井人，流行歌曲唱得人都忘了过去吃苦的岁月。第二种意见是，一开始不习惯，觉得吵闹，后来听着听着习惯了，每天如果村里不播放红歌还会觉得不对劲儿，但平时并不仔细去听。第三种意见是，一开始觉得播放红歌很好，但是时间长了就听腻了，希望既能播放红歌，也能播放流行歌曲，流行歌曲并非一无是处。这类意见与郑书记说的"革命歌曲，越唱人越勤，流行歌曲，越唱人越懒"正好相反。

除了唱红歌，很多女性村民还非常喜欢跳广场舞，有村民甚至说，一听到音乐，身体就不由自主地动起来了。跳广场舞的是30~60岁的女性村民，舞蹈种类繁多，并不只限于红舞，还有交谊舞以及根据《小苹果》这类流行歌曲编成的舞蹈。受访村民说，一般料理完家务，安排好孩子，晚上就出来跳舞。

综上所述，土古洞村的集体精神主要包括个人利益服从集体利益，眼前利益服从长远利益，党员带头与村民一起以出义务工的方式为土古洞村集体添砖加瓦。土古洞村的集体精神既是党员干部对自身进行严格要求，落实"三学一做"的具体体现，也是在党员干部的带领下，村民们有较高思想觉悟和认识水平的体现。这个集体精神既是普遍存在于土古洞村民思想意识中的集体风气，也是以"红八条"的形式具体化了的基层治理机制或手法，更是能够移风易俗、润物细无声的红色文化。

第七节　讨论：党、群、业、源之间的关系

调研中村干部说道："（20世纪）80年代的时候，村民们'听话且心齐'，分田到户之后，'分田到户不靠你，不批不斗不怕你，遇到问题就找你，处理不公就告你'。"村民们不愿理解事情本身的复杂性，只是对村干部进行问责，这句顺口溜包含了村干部的委屈情绪。如今，既有人认为土古洞村"村里人心是很齐的"，也有人认为现在的村民心思活、浮躁，"人心聚拢起来不容易"。

我们发现，处理好党员干部、村民群众、产业发展和自然资源合理利用之间的关系是村庄集体经济发展的关键。而在这相互交叉的几对关系之中，党群关系最为基础。只有处理好这组关系，村庄在发展集体经济时才能纲举目张，迎来产业和社会文化的可持续发展，扩大村庄集体利益，惠及村民。

大部分村民都认同集体经济，他们将土古洞村与其他村庄比较，看到了土古洞村的优点。也有村民对土古洞村的发展不置可否，只是专注于自己的生活。另有极少数受访村民有比较大的意见。意见分为三个层面，一是认为党员干部在集体经济的发展中获得了私利，而非一心为集体谋利益；二是认为集体经济发展慢，没有分红；三是认为土古洞村的红色文化宣传很虚，没有用。

有趣的是，一面是干部觉得村民的心思太活，不容易聚拢，

另一面是土古洞村民大都积极地出义务工，而且也有互帮互助的风气。村里过年时以送生活品的方式慰劳村民，承认他们的劳动价值和为集体做的贡献，而不是以支付金钱的方式重复雇佣、买卖的关系。

我们在调研中发现，走集体经济道路的村庄中的基层党员干部们有多重角色，在日常工作中并不轻松。他们首先是集体经济的带头创业者，在既缺乏资金又缺乏人力的情况下，要带头出钱出力，面对市场风险。创业者的身份使得他们在面对村民背后质疑和当面告状的情况时感到非常委屈。同时，他们潜意识里没有明言的是，作为最初承担了风险的人，他们是否有资格首先分得利益，这些利益是不是合法、合理且他们应得的部分。贵州省和江苏省委曾经发文号召弘扬老支书精神。郑书记说，老支书做出的奉献、贡献，常人是难以承受的。他引用浙江何斯路村的村支书曾经说过的一句话，反问道："谁为担当者担当？"

土古洞村后备干部白冬冬也表达过担忧。他觉得土古洞村干部们的觉悟已经非常高了，但只要有一句不好的流言传开，干部们的所有功劳就会打折扣，有的时候这会令人特别寒心。

那么，究竟是党员干部为村集体付出很多、很辛苦，而村民不理解、不支持，还是村民看出了干部的私心？回答这一问题需要将党员干部的其他几个角色呈现出来，将党、群、业之间的复杂关系呈现出来，集中分析。党员干部带头创业之后，马上面临的问题是谁来经营。他需要有专业的经营技能，要懂得市场逻辑，既能对内维护集体利益，又能对外把握市场风险和机遇。党员干部怕自己经营不好，所以将一些企业或工厂承包出去。即便如此，党员干部仍旧无法完全将企业经营情况放置一边。对于合伙经营的企业，村"两委"要派人参与到日常经营管理中，这样才能了解、掌握企业的经营情况；对于承包出去的企业，党员干部仍要时刻关注，阻止损害集体利益的事发生。这就引出了党员干部的第二和第三个身份：集体资产的经营者和看护者。如果他们只是代理经营的职业经理人，那么，在遭遇不利情况时大可将责任归咎于市场竞争引起的优胜劣汰，但是由于他们代理的是集体经济资产，无论村民还是社会舆论都很难接受这样的说辞和逻辑。于是，他们必须发挥看护者的作用，时刻关注集体经济企业的发展情况，即便专业能力有限。

村庄基层的党员干部还兼任社会公益事业的执行者。国家可以将企业划归工商部门，将民生划归民政部门，但是在农村基层，这些事都由村干部完成。上到探索集体经济出路，下到为村民谋划红白喜事、调解纠纷、介绍工作、节日慰问等，全都要由基层党员干部来做。同时，党员干部还要担任集体精神的培育者，既要自我教育、自我约束，也要教育村民。综上所述，有效推动集体经济的基层党员干部是多面手。

在发展集体经济的过程中，的确存在如何界定村干部可得利益的标准问题。比如，饮品厂是承包出去的企业，但是很多村干部入股。在经营运作上厂子是由集体经济企业承包给个人，所有的股东每年要向集体缴纳定额的承包费。同时，作为股东的村干部作为个人参与饮品厂的决策。集体经济的性质和私人企业的性质交织在一起，村干部既代表个人利益，也代表村集体的利益，其性质该如何界定呢？前烟台市委常委于涛曾明确指出：党员应是发展集体经济的主体，党支部应该领办合作社。[①]但如何更细致地界定党员干部在其中的权责既是理论问题也是实践问题。

当然，土古洞村也设置了村民参与决策的机制，村民在集体经济的发展中出了很多力。郑书记说，村里的建设大事，是要通过扩大会议讨论的，依据的就是"4+2工作法"。每个区（即村民小组）由村民选举产生3~4位村民代表，村民有意见可以向村民代表反映。

但是，村民中有个别异见者认为，这些都是摆设，各个区只会让本来就没意见的人去当代表。我们暂且不追究村民参与决策的程度究竟如何，恐怕村干部应加强和村民的沟通，将平时在村里巡视的工夫更多地用在走家串户交流思想上。事实上，那位异见者希望的是立即分红，着眼的是眼前利益，而非土古

[①] 于涛.组织起来，发展壮大集体经济（上）——烟台市推行村党支部领办合作社、全面推动乡村振兴［J］.经济导刊，2019（12）：24-30；于涛.组织起来，发展壮大集体经济（下）——烟台市推行村党支部领办合作社、全面推动乡村振兴［J］.经济导刊，2020（01）：30-37.

洞村集体的可持续发展。土古洞的党员干部们在经历了做村民思想工作的漫长过程以后，其实也得出了随着时间推移老百姓的思想会转变的结论，因此更应围绕眼前利益和长远利益、个人利益和集体利益之间的关系加强与村民的交流。

第五章
彩云之南的新集体经济：为什么说自力更生是基础？

2018年8月10日到8月17日，我们一行四人来到"彩云之南"，拜访了位于腾冲市的新岐村和箐口村，两个村都以发展林业和集体经济远近闻名。新岐村的发展思路和箐口村类似，但人口分布更为集中，主持大局的村干部精明强干，也善于对接政府项目资源，因而发展速度更快，后来者居上。我们的调研开始于箐口村，然而，关于这种发展道路的细致资料，则来源于新岐村。（见图5-1、图5-2）

第一节　保住集体林权，设立分级管理

新岐村的发展对我们理解集体经济有哪些启发呢？它作为一种发展道路的典型，优点和缺点同样突出。新岐村重新发挥

了"集体"的作用，这构成了其发展的重要前提。一方面，新岐村原来的领导班子善于从整个村子的利益出发考虑问题，这些经历过集体时期的村干部在村庄最初的发展阶段，就下决心要提高村民生活质量。另一方面，保留集体资产是新集体经济发展的关键基础：林地是新岐村最重要的集体资产。在改革初期，它们顶住上级政府要求划分林地到户的压力，都保留了至少1/3的集体林地。有集体意识的领导班子加上改革开放前留存下来的集体林业资产，成为新岐村走上新集体经济道路的起点。（见图5-3）

家庭承包单干曾是农村改革发展的主流，集体的作用在这一潮流中不断衰弱。以家庭为单位的单干分包制不仅针对农业，也体现在林业上。与彻底分包到户的大多数村庄不同，新岐村选择力劝群众为集体保留资产。这当中有老村主任闫生琼的功劳，也离不开经历了人民公社时期的那些老干部。这些为新岐村从一穷二白到脱颖而出奠定了坚实的基础。

> 新岐小地方，八月十五下大霜，吃的是荞果饭，泡的是荁菜汤，走的是羊肠道，住的是篱笆房，姑娘不嫁新岐郎。

这是过去流传在新岐村的一句顺口溜，它生动地反映了新岐村当时贫穷落后的旧貌。据现任村主任闫生彪介绍，20世纪80年代，新岐村是腾冲县最落后的贫困村，人均收入只有

500~600元，而当时周边其他村的人均收入一般可达到1200元左右。这样的情况显然刺痛了老村主任的心，他在访谈中告诉我们，儿子邀请朋友来村里玩的时候都嫌弃新岐村条件太差。个人的经历加上对家乡的感情，让老村主任热切希望改变村庄的面貌。他说，在村里做领导不是抱着升官发财的目的，他不图名不图利，就是不相信新岐村这么好的条件改变不了面貌。老村主任的能力和人品也得到了村民的认可，在2000年竞选村干部时，差不多90%的村民投了他的票。

我们对老村主任的话感到惊奇，新岐村过去的条件明明很差，为何他认为条件好？他和他的领导班子又是如何团结村民，结合当地的条件去改变新岐村的整体面貌？

回头看新岐村集体经济的发展历程时，闫生琼、闫生彪和林场场长闫灿芳等村委会骨干都不由得赞叹20世纪80年代初村集体领导班子的高瞻远瞩和坚持。1982年包产到户时，上级政府让新岐村将林地按户分下去。新岐村内部针对是否要保留集体林地展开了讨论，村民意见不一。最初，赞成林地全部分给农户的意见占了主流。不仅大部分村民认为要分，一些干部也认为分了好。另一种意见来自当时村集体领导班子的部分干部。他们认为，如果集体保留一部分，以后的公益事业建设资金就可以从集体收入中出，而不需要向群众收钱。两种意见打架打了一段时间，村委会开了很多次会，让大家充分讨论，最后70%的村民同意保留集体林地。最终，每个农户分得了

4~5亩林地，村集体保留了全村2/3的林地。

1997年左右，全国农村进行了第二次土地调整。新岐村征得政府同意，没有重新分配水田和旱地，但是对林地分配重新进行了调整。20世纪80年代初，林地的价值还没有显现出来。从80年代末期开始，新岐村庄建设所需的资金全部来自砍伐集体时期种下的树木。村民越来越意识到林地的价值，到了90年代，村民私挖乱伐的情况逐渐严重。

为了避免这种情况继续恶化，新岐村内部又出现了两种不同的意见。一种是将林地分配给农户，让农户各自负责分配到的林地，不再侵害集体和其他农户的林地利益；另一种则是继续保留集体林地，由村集体带领村民维护和开发集体林业资源。最终，村集体将一半的林地（全村1/3的林地）分到村民小组，相当于人均分到2.3亩，由村民小组带领村民建设人工林。村民小组分到林地之后，组织小组成员砍掉了原来的栗子树和灌木，转而种植秃杉、华山松等经济林木，期望通过发展用材林改善小组成员的生活。2000年之后，新岐村又进行了大规模的植树造林。自此，新岐村形成了村集体、村民小组和农户各自保留全村1/3林地的"三三三制"局面。

2006年集体林权制度改革时，政府要求新岐村将林地全部分到农户手中，但是新岐村部分老党员、干部强烈要求保留集体林地，认为要保留一定的资产，不然，"巧妇难为无米之炊，还能为村民谋什么福利呢？"。

他们认为，过去村集体以销售集体林地林木的收益，为村民缴纳了"三提五统"等农业税费，带来了集体福利。如果林地全部分下去，新岐村就会像周边已经分林的村一样变成"空壳村"。这些村将林地全部分给农户后，没有任何集体资产，村集体做任何事情都需要向村民个人收钱。从农民手里收钱很难，结果村集体什么事都办不成。附近的一个已分林到户的村子，因为筹集不到政府修路项目的配套资金，几年来都没有修成一条路。反观依靠集体林地的新岐村，目前已经修成了通向中和镇和周围几个村的道路。新岐村如实向政府反映了反对分林的意见，最终经过政府同意保留了集体林地。

现在，新岐村集体的林地全部由村办林场经营管理，林场同时负责农民个人林地的管理。事实上，20世纪60年代集体时期，新岐村就已经建立了集体林场。2006年时，集体林场只有6名职员负责管理村集体的2.4万亩林地。目前林场除了有4个专门在村委会任职的职员，还有13个护林员常年守在山上的护林点。在村委会任职的林场职员有正式编制，负责植树造林、森林抚育和林木拍卖，村委会每月发给他们每人2000元工资（不享受村集体给支书和正副主任的每月1000元补贴）；护林员没有编制，负责森林防火、防偷盗，每月工资900元。护林员都是男性，年龄在60岁以上。

第二节　再造"新集体":初代村领导争来"三桶金"

一、青山他日变金山:集体林地产出的"三桶金"

新岐村之所以能够改头换面,离不开改革开放前集体时代保留下来的林业遗产,或闫生彪所说的"三桶金"。这包括实物形式的人工用材林、经济林两桶金,和权属形式的村集体对集体林地的支配权,即第三桶金。

首先,集体时代种植的人工用材林成为第一桶金。据闫灿芳场长介绍,新岐村的林业起步很早,在20世纪60年代人民公社时期,新岐村就已经开始组建林场,植树造林。70年代生产大队还组织过一次大规模的植树造林活动,增加林木面积4000~5000亩。当时新岐村大约有8万亩山林,但大部分为荒山,种上树的有1万多亩,主要树种是华山松、秃杉等人工用材林,以及红花油茶、板栗、核桃等经济林。前人栽树,后人乘凉。集体时代种植的林木在当时并未发挥经济价值,80年代树木成材之后,它们培育了新岐村的新集体经济。

其次,集体时代种植的经济林成为第二桶金。据年长的村民回忆,新岐村1958年就已经开始种植经济林,当时主要推广的树种是红花油茶。由于当时人们没有认识到红花油茶的效用和价值,种下去之后管理不善,因而没能发挥出它的经济效益。然而,在新岐村新集体经济推进解决民生问题时,红花油茶林成了宝贵的启动资产。

最后，近十几年来，对集体林地的支配权成为新岐村发展建设的另一桶金。2000年以前，新岐村修建道路主要依靠村集体组织动员村民出义务工。2000年以后，除了道路修建等基础设施建设工作，在推进村庄建设时新岐村主要依靠村集体对集体林地的支配权，这构成第三桶金。

我们曾问过老村主任闫生琼，新岐村发展较快，原因是否在于政府的大力支持。老村主任回答："你不可能事事等着有政府资金才开始，你得为村里创造出条件，政府才可能会帮助你。"

第一步，老村主任及他的领导班子筹谋的是修建道路。老村主任把修建道路看作村庄自主发展的突破口。在闫生琼上任之前，新岐村糟糕的道路情况影响了村民的生计。在修路之前，村民的生计来源主要是耕地和在矿场打零工。当时种地和运输主要靠畜力，大多数村民都在家里养牲口。村民依赖这样的生计，能改变村里贫穷的面貌吗？为此，老村主任在2000年做了一项调查。他发现，当时新岐村共有1200匹骡子，1600头耕牛。水田面积有限，人均只有1亩左右。即便加上旱地种植的苦荞，除去人和家畜所需，耕地所获的收入也微薄。虽然村民还可以在矿场打零工，但矿场是不可持续的，村民的收入没法得到根本改善。调查之后，老村主任认定林业才是新岐村可依赖的优势资源。林业要发展，林木要运出村，前提是修路。

新岐村的道路最初都是由村集体出资建设的，到2003年修建通乡公路时，政府才开始帮助。在此之前，村集体已经通过集体资金和自筹的方式修建了 300 公里的灵岐公路和通村道路。

自 2002 年开始，村集体筹资带动村民复修机耕路和林间路等道路，以便于林业发展。仅 2002 年一年，复修的路的长度总和达到 13 公里，覆盖了 6 个不同的地带。2003 年 9 月，村集体又新修建了 5 公里林区路。这些道路的修建主要依靠村集体投资的部分资金，以及对村民的有力组织才得以完成，它们为村民管理林地提供了方便。同年，村集体还通过筹集资金修建了包括通向中和镇和周围各村的五六条道路，总长 300 公里。至此，新岐村通往勐蚌村、打板菁村、桃树河村、盈江县盏西镇等地的道路都已修通，可通往东西南北各个方向。

道路修成后，新岐村的集市也逐渐发展起来了。周围各村的商贩到新岐村赶集，新岐村成为物流集散中心，每次赶集的流动人口有四五百人。针对来赶集的村民及商户，村集体按照每个摊位 3 元的标准统一收取管理费，为村集体增加了一部分收入。集散中心也为村民售卖农产品提供了便利，增加了村民收入。

修建道路的过程中，村集体发挥了强大的组织能力。2015 年，政府投入 4000 多万元项目资金将沙新公路由原来的弹石路改建为柏油路。道路改建涉及拆迁征地，除项目资金外，村集体额外投入 800 多万元，用于拆迁征地的补偿。在这一过程中，村集体对集体林地的支配权减轻了集体资金负担，也加快了征地速度。当时征地补偿有两种方式：一种是一次性现金补偿，承包地（旱地）分为每亩 10 000 元和 8000 元两个等级，承包田（水田）分为每亩 20 000 元、18 000 元、15 000 元、14 000 元四个等级；另一种是通过置换集体林地进行补偿，即按照每亩 6000 元计算林地的价值，再以征地补偿的数目确定置换林地的亩数。据新岐村乡村建设理事会会长介绍："征地没有用多少钱，1 亩自留地能换 2.5 亩林地，大家都同意。"在置换林地的过程中，林场上的树木还需要另外折算。最终所置换的林地和其上的林木价值一起作为征地补偿，村民多退少补。以集体林地置换的方式筹集征地费用，一方面减少了村集体的现金压力，另一方面打消了村民失去土地的顾虑。村集体对集体林地的支配权为村集体进行村庄规划建设提供了坚强的后盾。

二、依托集体改善民生：教育和养老

新岐村在经济上得到一些发展之后，第二步便是改善民生。新岐村在发展过程中将民生着力点放在教育和养老两个方面。具体来说，在教育上，新岐村的投入包括校舍翻修资金、对大学新生的奖励资金、教师补贴等。这些投入对改善村里小学环境、增加村内大学生数量以及改善村庄风气都起到了重要的作用。

新岐村小学"新岐完小"共翻修了3次，最近一次是在2007年。除了上级拨款200多万元，村集体还出资了100多万元。2008年建成的四层教学楼，使新岐完小连续数年被评为中和镇建设得最好的小学。2017年，村集体又出资5万元翻新新岐完小。村集体每年投入10多万元，用于幼师工资、学生奖励、学生贷款利息、学校翻修和教师节日补贴等。新岐村对考上专科院校、普通本科院校、重点大学的学生进行1000元、2000元、3000元不等的奖励，还资助学校师生参加新岐春节晚会。

在2001年，新岐村成立了老年协会，号召60岁及以上的老人申请入会。入会采取自愿原则，会员每年缴纳10元会费。2018年，老年协会共有会员588人，其中男性307人，女性281人；据不完全统计，60~70岁的有270人，70~80岁的有200人，80~90岁的有90人，90~100岁的有6人，100岁以上的有1人。老年协会共有7名委员，其中会长2名，女性委员4名，男性委员1名。这7名委员是588位老人投票选举出来的。此外，12个村民小组从老人会员中选出12名组长，负责协调日常事务。

据老年协会会长闫柱芳介绍，协会成立时很穷，连张办公桌也没有。成立的最初3年，协会的主要收入来源是村里集市收取的摊位费。新岐村集市每5天举办一次，一次大约有80个摊位，每个摊位收3元费用。以此为基础，老年协会才有了钱，买了办公桌。2005年，村集体把集体时期种植的800亩红花油茶林交给老年协会管理，老年协会才有了自己的产业和稳定的收入来源。

新岐村老年协会的产业养老模式不仅给老人带来了直接福利，也给老人提供了就业渠道。老年协会每年给每位老人发放两次慰问金，并为去世老人家属提供300元安葬费。协会刚成立时，九九重阳节慰问金为50元，春节慰问金也为50元；自2016年闫柱芳担任会长以来，老年协会收入逐渐增多，春节慰问金增至100元。协会每年单独慰问80~90岁的老人，赠送牛奶、核桃粉等慰问品；90岁以上的老人，则会再增加一箱牛奶。为了保证老年协会的运行，包括会长在内的7名委员、12名小组长每月工资为400元；由于这些人员平时负责的事务较多，电话费等通信费用支出较多，村集体正在研究是否要增加这块补贴。

老年协会为老人实现劳动价值提供了可能。老年协会管理集体时期保留下来的800亩红花油茶林，安排入会老人摘果、剥茶籽、榨油等，并给他们支付工资。对红花油茶果进行初加工时，第一步是手工剥出干茶籽，剥茶籽在老年协会统一进行，原则上所有入会老人都要参与。工资是男性一天60元，女性一天50元。如果老人无法参加，可由一位家人替代，协会最后分钱结账时将工钱直接付给老人。

第二步是榨油。老年协会使用过两台榨油机，第一台是

2007年村集体赠送的，价值3万元，用了十来年，2017年报废。2018年协会与昆明一家公司签订合同，购买了一台价值5万元的榨油机。据闫会长介绍，红花油茶最早时年产量3吨左右，后来稳定在10~12吨，平均4斤干茶籽能榨1斤油。榨油每年由12个小组长选定2个人轮换负责，如果有小组长缺席就由7个委员决定人选。工钱按榨油量计算，榨1斤干茶籽得1角8分。2017年老年协会共榨出茶油3000多斤，并且全部售卖完，收入达30万元左右；平常没有卖完的油放在老年协会储存。老年协会的收入通常用于支付投工投劳的工资、发放老年慰问金、举办老年活动等。老年协会如有结余，则入村集体收入账目；如果钱不够花，则从村集体账目中支取资金。

第三节 没有自力更生做基础，项目再多走的也是歧路

在2018年我们进行调研时，全国各地的村庄只有少数仍保有集体资产，也只有少数村庄的村集体尚在发挥作用。然而，具备这两个条件的村庄是否一定可以壮大集体经济，获得可持续发展？新岐村新集体经济发展进入高峰期的经历，为这个问题提供了答案。自2000年起，新岐村集体在保留集体林地的基础上开展了一系列乡村建设工程，包括基础设施建设、重新

整合土地、规划宅基地等。这些工程虽然都具有公共性,但具体实施时出现的问题影响了村庄内部的集体性和新集体经济的可持续性。

我们希望通过对新岐村案例的讨论,厘清村庄对接外部资源与增强自身组织能力之间的关系。我们调研时,新岐村领导班子已经换届。在缺乏人才培养和思想教育的情况下,新岐村接任的领导班子很可能无意也无法保住积累的集体资产,难以探索出村庄可持续发展道路,新集体经济的前路渺茫。

一、注重改头换面,忽视发展基础

在新岐村的后续发展中,村集体主导的工程多依托政府的项目资金,过于重视政府的项目支持和与企业的合作,以门面工程为主。村民参与程度不高,村集体也不注重将村民组织起来,出现了本末倒置的趋势。除林业初级的树木砍伐外,村集体未发展出下游产业。种种迹象都表明,新岐村在发展高峰期,见事不见人,重短期建设轻可持续性产业链的发掘。在用完大量项目资金之后,政府或外部机构支持的项目没有帮助新岐村找到适合自身发展的产业,新岐村潜藏的就业不足问题并没有缓解。在这些项目实施的过程中和结项后,村民的合作意愿和能力没有加强。2018年,外出打工的村民数量已占全村劳动力的1/3,而在前几年这一数字还几近于零。综上可见,新岐村的新集体经济虽有很好的起步条件,但后续过于倚重政府项目，忽略了培养带动村庄可持续发展的内生动力，这为新集体经济的未来发展留下了隐患。

改善基础设施的工作结束后，村集体并没有把重心放在发展以林业为基础的产业上，而是进一步征地600亩，用来建设宅基地。宅基地建成后，村集体计划以合理的价格划拨给村民，对村内的居住条件做统一改善。但新岐村集体留有的资金有限，征地拆迁和规划建设宅基地的过程中，村集体向银行和村民个人借款，欠下的债务有7000万~8000万元。由于对政府资助产生了依赖，现任村委会班子在推进宅基地建设时，期待能从政府那里获得相关的项目资金。在没有申请到项目的情况下，宅基地建设无法按原计划进行，甚至几乎中断。集体林场每年的利润有限，村集体没有办法偿还银行欠款和在拆迁过程中需要付给村民的补偿金。这对村集体的威信和日后的组织工作都带来了负面影响。

二、跟种"三棵树"，效果无保障

新岐村的林业发展规划受到了上级政府思路的影响。2001年，市、县林业局扶持新岐村在黄牛山、大油椰树一带建设4300亩核桃基地、700亩小桃树、板栗基地。后来，上级政府免费提供草果苗，发动村民栽种草果。村集体制定管理制度，村民向村集体上交20元/亩的土地承包费（地属于村集体），就可免费得到草果苗进行林下种植。因为草果不挑气候，只要能遮阴，五六年便到盛果期，效益好。盛果期一亩草果一年可赚 5000 元。因此，80% 以上的农户都种植了草果。2009 年，在界头镇经验的基础上，腾冲县提出了以"种好三棵树，提升两片叶"为主线的特色农业产业化发展思路。其中，"三棵树"指的是核桃树、银杏树以及红花油茶。在新岐村，因气候和土壤条件适合红花油茶的生长，红花油茶发展较好；但因为苗种存在问题，核桃树挂果情况不好。我们跟着新岐村林场场长参观万亩核桃林，发现蛀虫情况较为严重。从 2017 年开始，政府为帮助处理这一问题，分批次嫁接新品种核桃苗。

新岐村跟进政府的林业项目，获得了一些优惠条件。然而，项目的效果并不理想。"三棵树"中实际种活的只有红花油茶。而且，虽然红花油茶种起来了，油茶的产品开发和市场销路尚未打开。村集体与农户在林业方面仍然主要靠定期售卖一些木材来增加一部分收入。

三、无关村民生计的旅游规划

除扶持林业，政府还在政策上支持开发新岐村的旅游资源。2015 年，政府鼓励村内较为富裕的两户人家建农庄，为发展旅游做好准备。（见图 5-4）政府请专业人士为农庄提供设计图，并给予两万元的奖励。这个农庄投资 200 万元建成。但建成后，因为新岐村配套设施尚未做好，在外几乎没有知名度，所以除了偶尔接待来此参加会议的干部，生意很一般。

新岐村乡村建设委员会理事长认为，新岐村的旅游要发展起来，还需借助政府、企业的力量，他说："旅游业未来的发展，一需要靠政府帮助宣传，完善基础设施，完善村庄内部文化；二需要有企业投资。村民的能力有限，思维狭隘，旅游需要外面有商业远见的人来投资。新岐地处相对偏远的地方，政府如果不帮忙宣传，很少有人知道这里。"在他的观念里，乡村旅游主要仰赖政府及企业，靠村集体自己很难做好这件事情。

在2015年之前，新岐村外出打工的村民很少，村里的青壮力量主要在周边的矿场打零工，同时兼顾家中林地和耕地。邻近矿场在开发时，新岐每日有两三百人的流动人口。矿业加上本地的林业，带动了新岐商业的发展。当时，村中有100多家商铺，达到一个普通小镇的水平。经营这些商铺的，有本村人也有外地人。开发矿场的多是来自外地的商人。2015年，这些矿场被政府勒令关停，新岐村的青壮力量开始外出打工。到2018年，村中有1/3的劳动力开始流向外地。

2017—2018年，因为云南白药公司的需要，不少村民开始种植重楼、三七这些药材。我们在林场看护点以及普通农户家中都看到有村民在种植这两种药材。

从新岐村新集体经济后续的发展情况可以看出，村集体过于倚重上级政府的规划、项目和资金，忽略了对本村资源和产业的挖掘，更没有组织村民有效参与到各类项目和工程的规划、决定和实施过程中。2018年我们调研时，新岐村的农村旅游能否发展起来成了巨大问题，村集体面临债务问题，村庄劳动力外流，矿场关停后原来热闹的商业区也变得冷清。

第四节　总结与反思：是"为民做主"却非"当家作主"

新岐村新集体经济的建立和后续发展，为我们思考新集体经济的可持续性提供了丰富的材料。新岐村的经验既有值得参考发扬的方面，也有需要反思调整的方面。

第一，老村干部的积极影响转变为制度性规划。虽然老村主任的退任很大程度上影响到新岐村的发展动力，但几年来新岐村的发展建设仍然没有背离老村主任在任时的原则和思路。这主要表现在以下三方面：首先壮大集体经济几乎成为人人认可的原则。相比于其他村庄，新岐村见证了保留集体林地的价值，正如村乡村建设委员会理事长所说："有了这些林业资源，只要管好，我们村永远都不会穷。如果像其他村一样把林地都分了，那想干什么事情都干不成，贫富差距还会变大。"其次是修建道路、宅基地、停车场等基础设施的规划延续了下来。新岐村集体认为，这一规划不仅能够改善村庄布局与环境，还能提高集体经济收益。新岐村已将环村公路以内、村民聚居区以外的土地征收过来建设宅基地，总征地面积600亩，2018年已开发面积130亩（包括道路和公共设施）。村集体计划以

200元/平方米的价格将宅基地转给村民，一户村民大约需要220平方米，已开发出来的面积可以回收700万元。最后是乡村发展50年规划。这一整体规划是2008年老村主任在任时制定的，大体思路是把村庄周围的土地集中起来，重新规划功能分区，改善村民居住环境，发展各行各业。当时征地时采取1亩自留地换2.5亩林地的方式。这些原则、思路或规划在老村主任在任时，就已成为新岐村发展建设的制度性纲领，且并未随着老村主任的退任而失效。

第二，过于依赖领头人和外来资源。在新岐村，闫生琼的当选与退任是新集体经济发展的两个关键节点。2000年老村主任当选之后，新岐村才开始真正走上了改头换面的发展道路。其间老村主任立志摆脱贫穷落后的决心、腾笼换鸟的致富思路、乡村建设的整体规划发挥了决定性作用。2013年老村主任退任以后，新岐村的发展动力日趋渐缓，这主要表现在领导干部劲头减弱、政府支持力度萎缩、乡村建设推进放缓等。这种变化在新岐村乡村建设委员会理事长看来是这样的："跟一个村的领头人有关系，关键是领头人要动，老主任在的时候真能做事，做事政府就会多投，2018年就一点项目都没有，没有老主任的眼界，新岐村就没有变化！"老村主任退任后，村集体将新岐村发展的动力从内部领导干部转向了外部资本。没有增强凝聚力的新岐村遭遇了很多新集体经济后继无人的困境。新岐村乡村建设委员会理事长认为，新岐村今后的发展"需要有企业投资，因为新岐村太偏僻，村民的发展能力和思维比较欠缺，需要外面有远见的人来投资"。

第三是村民未被动员，参与度低的问题。在新岐村的发展历程中，我们看到的更多是以干部为核心的领导班子的作用。他们决定着新岐村新集体经济的方向和道路，村民在这个过程中处于被动接受的角色。换言之，真正推动新岐村新集体经济发展的是由村集体一些成员所组成的"小集体"，而非由整个社区成员所组成的"大集体"，村民未能真正成为村庄发展的主人。这具体表现在以下两个方面。首先，新岐村的发展思路诞生于以老村主任为核心的领导干部脑中，村民只是思路、政策的接受者而非参与者。在老村主任看来，只要领导干部"一心为大家做事，老百姓肯定会尊重你，事情也就（能）好办"。在老村主任眼里，乡村发展的"关键在于掌舵人，虽然我们现在讲民主，但领导必须要有方向，要拿出方案，什么都叫大家讨论，那就没法搞了"。也就是说，即便是老村主任、老一届村领导班子，他们也只强调带头人的作用，只从带头人要为老百姓办事这一单向关系来界定村领导和村民百姓之间的良性关系，轻视了村民群众参与村集体事务的必要性。其次，在新岐村的发展建设中，村民是村庄建设的雇佣者而非主动建设者。20世纪80年代末，新岐村修建沙新公路时动员了全体村民。除此之外，其他基础设施的修建也都是以承包制方式运作，村民给项目工程打工，项目工程给村民付工资，村民在新集体经济发展过程中主体性很弱。

新岐村的案例表明，新集体经济要实现可持续性发展，需要考虑如何从领导干部"为民做主"到人民群众真正"当家作主"的问题，即应将对集体经济道路的决策权从干部转移到群众，从"小集体"转移到"大集体"。新集体经济的发展需要村集体立足本社区的资源，动员社区内部成员参与，妥善处理内部组织与外部支持之间的关系。

第六章
新兴村：鲜花盛开的朝鲜族村庄

　　新兴村隶属哈尔滨市代管尚志市鱼池朝鲜族乡，坐落在美丽的虎峰岭下的蚂蚁河上游。改革开放后，这里也经历过土地碎片化，农业收入低，村民外出打工、撂荒土地的恶性循环。可是自2009年村党支部书记金正浩发动村民组织合作社后，成功地把村里的土地集中起来，流转给社员耕种。由于金书记本身是农艺师，他狠抓农业生产，在繁种、催芽和育秧等方面实行统一的科学管理，再加上他秉承"为人民服务"的精神，热心为社员服务，使社员的经营面积得以扩大，收成有了保障。2017年，新兴村已成为人均年收入3万多元的省级文明村，实现了共同富裕的目标。新兴村的发展经验体现了集体在农艺和农机方面科学管理的优势，同时也为探索民族融合开辟了新道路。

第一节　虎峰岭下的朝鲜族村

一、村庄概况与历史

新兴村位于尚志市东南部90公里处，全村辖新兴、明新两个自然屯。（见图6-1）农户314户，人口874人，其中朝鲜族人口占90%。由于赴韩国、日本、俄罗斯及中国省外务工人员达600人，所以整个村常住人口只有63户（新兴屯47户、明新屯16户），213人。1998年，新兴村第二轮土地承包面积为5326亩，其中水田3270亩。2014年，土地确权实际耕地面积为7385亩，其中水田面积为4571亩。

2009年9月，新兴村党支部书记金正浩带头成立尚志市鱼池水稻种植专业合作社。现在合作社有81户社员，覆盖6000亩地，分布在两个行政村中的三个自然村，包括新兴村下辖的新兴屯1000多亩，明新屯2000多亩，以及昌平村的昌平屯2000多亩。"目前，6000亩地中有1000亩是合作社自主经营创收，另外5000亩地流转给40多户汉族社员耕种。

新兴村的朝鲜族居民大部分是在"九一八"事变东北沦陷后，被日本当局组织到这里的。1931—1935年从朝鲜迁入中国的人口近百万，这些朝鲜人背井离乡，被日本当局安排迁移到东北。1910年日本帝国主义占领朝鲜后，为了掠夺朝鲜农民的土地和粮食，实施了所谓的"土地调查事业"（1910—1918年）及"产米增殖计划"（1920—1934年），促使朝鲜农村贫困化，催生了许多失地农民。"九一八"事变后,日本武力侵占东北三省。日本殖民者开始有计划地把朝鲜农民驱赶到东北地区开荒。① 村民李大爷和南大爷的父辈都是1934年左右从朝鲜半岛南部移民过来的。到这里以后,日本当局叫他们开荒、种地,粮食都要交给日本人。他们说:

> 来这里开荒建屋,当时四周长树可多了,水也凉地也凉,那时的气候也比现在冷。我们这里100户,开了大约100垧② 土地,当时旱田多,后来有改成水田的。不过在刚开荒的土地上种稻米产量很低,每亩产200斤,稻谷是圆粒的。

1945年8月15日本投降后,这里先是由国民政府接管,到1947—1948年中国共产党在这里进行土改,按人口平均分配土地,每户分得七八亩地。李大爷、南大爷他们说:"因为开荒土地都是归日本人的,当时这就没有地主和富农,有汉奸,中农有,大多是贫农,各家没什么粮食,都是吃咸菜,可苦了。"

中华人民共和国成立后,新兴村很快加入合作化的大潮。

---

① 黄有福.中国朝鲜族移民史研究[J].中央民族学院学报,1993(4):56-61;金炳镐,泰成.中国朝鲜族人口流动与社会问题[J].黑龙江民族丛刊,1993(3):13-22.

② 东北地区一般1垧约合15市亩。

1953—1954年成立互助组,后来是合作社和人民公社。新兴大队最多时有150~160户,600多人。可是集体化时期由于人口不断增长,粮食产量又较低,所以年年开荒。到1975年左右,新兴大队的土地面积在集体化时期达到最高峰,即130~140垧。1978—1980年,因为粮价低,肥料跟不上,耕地管理不过来,就荒了一些。

20世纪80年代初屯里有380多人,绝大部分为朝鲜族人,只有六七户是汉族人。第一轮土地承包的时候,村里通过社员大会共同决定执行公平的分配政策。村里把土地按产量高低分成3个等级。如果是好地,那么分配面积就小一些,如果是差地,分配面积就大一些。如五口人如果分到好地面积就是12亩左右,如果是差地面积就是18~20亩。地都是事先划分好的,谁家得到哪块地是抓阄决定的,通常一家人的地都在一起,只有极个别人家的土地是分在两处的。据说当时在尚志市只有两个村是按照这样民主公平的做法分地的。

1998年第二轮土地承包时,新兴村贯彻国家"增人不增地,减人不减地"的原则。但是,假如分到地的老人1998年以后去世了,孩子是1998年以后出生的并且当时没有分到地,那老人的地也给孩子种,一直可以种到2027年。

新兴村的水田有1900多亩,这是国家纳税面积。第一轮土地承包以后,大家开始开荒,在第二轮土地承包之后土地面积就基本确定为3000多亩了,基本是水田。开荒地由开荒者每人每年给村里交水利费，每亩 25.5 元，之后可以自己耕种，也可以私下买卖。

取消农业税之前，农业收入相当不好，耕地靠牛和小型农机，因此那时候没有人家种的地能超过 30 亩，一般就十几亩。同时，由于大量的朝鲜族村民开始出国打工，大量土地被抛荒。因此，有一些汉族的外来户迁入，他们不入新兴村户籍。2017 年，明兴屯本村住户有十几户，外来户有 6 户。外来户是 2000 年初开始迁入的，最后一户是 2006 年迁入的。当时由于朝鲜族村民大都出国了，冬天冷，房子没有人住，热胀冷缩，墙体会鼓包，容易倒塌。外来户进村买房的时候有个别一起买地的，有的按 10 年承包一次性付钱。我们采访的其中一个外来户，也是社员，2003 年从附近的亚布力民主村搬过来，因为原来的村土地少，听说新兴村很多人出去打工，没人种地，他就搬过来了。他刚搬来的时候，买的房子 60 多平方米，附加买两垧地的钱，共花了 5 万元。外来村民虽然无法落户，但是可以加入合作社。

二、赴韩打工潮引发的农业危机

新兴村的朝鲜族人，大部分在 20 世纪 30 年代从朝鲜半岛南部过来。在日本战败后，有人想回去，可是也回不去了，因为二战后朝鲜半岛被分为朝鲜和韩国两个国家。直到 1992 年中韩建交，民间才恢复往来。韩国自 20 世纪 80 年代以来，基于国民教育水平提高、出生率下降、人口老龄化等原因，劳动力市场发生转变，在建筑业、制造业和农业等领域出现劳动力短缺的现象。1991年起韩国实行引进外籍劳工的政策，可是直到2003年，中国移民的人口增长仍较为平缓，增长的人口大多通过跨国婚姻和投靠亲属等途径进入韩国。①

据新兴村的朝鲜族老人回忆，他们刚刚开始去韩国打工的时候，是自己通过找在韩国的亲戚过去的，当时韩国只允许60岁以上的老人申请探亲签证，一次可以待两个月。不到60岁的，有人就买假身份证过去打黑工。比如，村里的南大爷在1995年花了3.5万元买了假身份证过去打了5年工，到2000年岁数大了才回家。他在韩国水原市一家工厂织渔网，工资很低，一个月50万韩元，相当于人民币5000元。不过，打工的收入还是远远高于务农的，相比之下，在家种地一年的毛收入只有1万元左右。

赴韩打工的高潮始于2004年。由于韩国修订了签证的相关法律，包括中国朝鲜族在内的相关人员可以获得3年内自由出入韩国的签证。2007年又制定新的外籍劳工引入政策——"访问就业制"，向符合条件的赴韩务工的所谓同胞发放最长5年有效期的访问就业签证（H-2）。这些做法吸引了不少新兴村民赴韩打工。

---

① 周雯婷，全志英，刘云刚.韩国的中国移民增长及其居住空间分布［J］.世界地理研究，2016，25（5）：1-12.

2004年以后,新兴村集体组织劳务输出,金书记甚至个人担保贷款180多万元,给老百姓办出国手续。村里青壮年有80%出国务工,可是,他们虽然致富了,却导致大量土地抛荒;另外,留守的村民的生活如何改善?这些问题让农艺师出身的金正浩书记忧心忡忡。

第二节 金正浩书记的初心与合作社的成立

一、向往鲜花盛开的村庄

金正浩书记是朝鲜族人,家住明新屯。2017年,61岁的金正浩已经当了30多年的书记。他自幼好学,在22岁的时候就靠自学以及挂职在农校学习一年,考了农艺师资格证,可谓名副其实的又红又专的干部。初次见面,他穿着一身迷彩服,脚套高筒雨靴,头戴棒球帽,皮肤黑黝黝的。那天早上,他接待了尚志市的干部,下午又和我们谈了两个半小时,中间也不休息,迫不及待地带我们去合作社的试验田考察。金书记19岁就入党了,1976—1979年任大队书记和民兵连长,后来任明新屯的党支部书记。1992年12月之前他曾在乡里任副乡长,之后去韩国打工,待了七八年。回来以后,村民觉得他为人正直、技术过硬,都纷纷要求他做书记,不让他再出国了。2018年,金书记还当选了全国人大代表。我们访谈过的所有人都对金书记赞不绝口，佩服有加。大家说不管什么事，金书记都首先考虑老百姓。别人没有金书记的能力，换别人都不行。这里说的能力指的是金书记的技术能力、管理能力还有号召力。大家说：

  书记事事都亲力亲为。
  金书记的文笔也很好！
  金书记有方法，懂得怎么说服人。他有头脑，跟你讲道理，叫你理解。
  金书记是十里八乡都找不着的好书记。如合作社要修路、修水、挖渠都不用老百姓花钱。

  金书记早在19岁入党的那年，就给自己定下目标，要为建设一个美好和谐、鲜花盛开的村子努力，他说："当时我看了一部朝鲜的电影，叫《鲜花盛开的村庄》，那个美丽的村庄给我印象很深，我就在想我们能不能把村扮成这样一个美丽的地方呢？"
  可是他从韩国打工回来上任村支书后，发现村容村貌差、村民只管自家，年轻人不干活、喝酒打牌娱乐多。身为一个农艺师，他对村民弃耕、土地荒废感到痛心：

  我们是朝鲜族村，比较特殊，青壮年都出去打工了。但人出去了，土地怎么办？有土地包给外地老百姓的，包一年，种一年，但是下一年还种不种啊？心里没数，所以对土地投入少。我2004年开始发现这个问题，就打算组织两个村、三个屯一起办合作社。

2007年合作社法施行是个重要的契机。当时尚志市农委想推广合作社，希望金书记办一个。金书记到佳木斯等地考察，发现大部分都是为套取国家资金的形式主义。但他最后还是觉得合作社可以做，在合作社成立过程中农委给了很大帮助。金书记是这样理解合作社的性质的：

> 什么是合作？什么是社？按照合作社法，五六户就能组织一个合作社。但这只是实体经济，这种合作社不是为了造福社会……我们去韩国务工的年轻人，很早以前收入就超过5万元一年。但是也有很多在家的老百姓，出不去。我得领着他们致富，把他们的生活水平提高到（在）韩国务工的生活水平。我们的合作社跟其他合作社不同，不是家庭办的，为自己利益的，而是以共同致富为目的的。现在合作社所有分红都给社员，不留盈余，要是我个人办的话，我早就是百万富翁了。

2009年9月，尚志市鱼池水稻种植专业合作社注册成立。资金来源是社员投入的入股金，一股为5000元，收益率为10%，社员股金不可超过6万元。他把股金定得这么高，一方面是有自信，认为老百姓相信合作社不会把他们的血汗钱拿去挥霍；另一方面，股金的基数定高一些，可以让社员对合作社更有积极性。2009年9月，刚办合作社的时候，有36户社员加入，入股资金36万元，股金主要用于购买农机和建造仓库棚。2010年3月有72户社员，股金55万元。2011年有72户，股金82万元。2014年股金达到122万元。到2017年有81户社员（有40多户是直接从事生产的社员）。因为合作社入社和退社都是自由的，这些年出出入入总共有120多户。

合作社进行了土地流转，但是没有采纳以土地入社的做法，主要考虑到如果遇到天灾人祸，合作社可能会颗粒无收。若土地入社，合作社赔了的话，老百姓可能连流转费都拿不到，这实际上对他们没有好处。

二、避免两级分化

2009年合作社刚成立的第一件事，就是动员村民把土地统一流转给合作社，再由合作社租给社员经营。2014年，趁着搞土地确权的契机，合作社启动了"方田化改造"项目，把两个村的所有田埂打掉，再统一将田地划分为面积为2000平方米的大方田，承包给社员耕种。（见图6-2）

合作社成立之前，出国打工的朝鲜族村民把土地流转给留守的村民来种，或者外包给附近的石河子镇等地的汉族人耕种。

在农业税取消之前，粮价低，大米每斤四五毛，加上农业税的负担，所以承包费很低，每亩 100~200 元，流转合同一年一签，春天给钱。

2009 年，在土地流转的动员大会上，金书记向村民保证：第一，外出打工的人，把土地流转给合作社也是按市场价计算，一分不会少。如 2017 年承包费是每亩 700 元。合作社在土地流转当中只是起到搭桥和保证的作用，不会收取任何中介费。村民把土地流转给合作社，不但不用怕承包费打水漂，而且第二年的承包费在上一年 12 月就可以拿到，比承包给私人更早收到钱。第二，村民的流转合同中注明，土地租期是从 2010 年到 2027 年第二轮承包期结束。但是，如果外出打工的人突然想回家种地了，只要向合作社申请，一定能在第二年分配到可耕种的土地。另外，村里之前水利不行，所以地租便宜。2010 年合作社向国家争取到了 1000 万元资金建水坝，解决了用水问题，使租金上涨，村民也感到满意。后来又申请到另一笔资金，其中 100 万元用于建水坝。

合作社给社员的承包期不限年限，但一般是 5 年。流转合同中注明同等条件下社员可以继续耕种。合作社不会把土地承包给外村的人，只有社员才有资格承包土地。2017 年，合作社的生产社员共有 40 多户，包括新兴村 20 多户和昌平村 21 户。

社员的土地分配也遵循一定的公平原则，避免两极分化。如 2009 年土地承包最多的有 180 亩，最少的有 70~80 亩。2017

年，承包最多的有280亩，最少的有100亩。合作社有调节机制，抑制社员分化，如3年调一次土地，如果有地少的社员想多种，就让地多的社员让出来。社员能承包多少土地，一是受自身劳动和资金的限制；二是社员必须完成规定的产量，如果一两年都达不到产量标准（1000~1100斤），就会失去继续承包的资格。合作社定的产量标准比周边地区800~900斤的标准高。金书记自豪地说：

> 又提我自己了，我不是高级农艺师，我是农民农艺师。这个水稻的产量，（如果）合作社没有一个这样的人才，光听专家教授指导，达不到这个（产量）。我服务的范围是5个乡镇，有什么事，给我打电话，或者把水稻拿过来，看什么病啊，诊断啊，用什么药来处理。我一看水稻就知道有什么问题。合作社的6000亩地技术都由我来承担，应该说是免费吧，谁也没有给我钱。

2014年，合作社申请到政府项目资金，对G10高速公路昌平村路段两侧和新兴村的连片水田进行了方田化改造，改造面积达3000多亩。通过打掉田埂、打破地界，合作社的土地增加了10%的有效面积，使得土地有效面积达到87%~90%。金书记认为，大部分村民是支持方田化改造的，"所有农业设施的改造，几代人没有做到的，合作社做到了，所以农民都支持基础设施建设"。

第三节 合作社的利润与分配

合作社的资金主要来自社员的入股资金,目前股金为85万元。合作社每年的总利润为30万~40万元,收入来源有3项,分别是种地、卖秧苗和外包收割机收取农机服务费。

合作社流转了1000亩地自主经营,这一块的年收入为十几万元。这一片土地,主要由金书记负责管理技术,具体生产由外村的雇工负责,每年的人工开支近20多万元。他聘请了两个长工,但是长工也不是常年在这里,而是打电话随叫随到,来了就领工钱,工资为150元一天。他们春天来工作两个月,夏天做扬化肥和铡池埂子的工作。

另外,合作社还雇短工,多的时候有30人,少的时候有17~18人。金书记不认为雇工存在劳动监管困难的问题。2017年我们调研时,他说:"我和他们一起干,我今年都61(岁)了,他们才四五十岁,如果他们都干不过我,就说不过去了。"雇短工的时间主要集中在春秋两季。小时工的工资为每小时12.5元,日工的工钱则根据工种差异做出区分。

以2017年为例,春天中的两个月共雇了300个人,他们的工作包括:浸种,育秧,整土,播种,建棚。工人每天工作

8小时，工资为120~150元一天。一个人一个月至少拿到4000元。春天雇工要花费12万元。夏天的时候雇工很少，主要是为防病、防草来请工人施化肥和打农药。夏天的用工比春天少2/3（100人）左右。干普通活的工资是130元一天，打药的工资为150元一天，因为打药比较辛苦而且存在一定安全隐患。秋收时节，合作社需要雇人装袋，把谷子从一辆车运到另一辆车。收割的时间集中，只有半个月。雇工200~300人，每人工资为150元一天。本来，按照金书记计算，村里农户的土地收益每亩500~600元的话，合作社1000亩地的收入应该在50多万元，可是由于合作社主要依赖雇工，管理成本高，所以收益只有十几万元。

合作社的第二项收入来源是卖秧苗，主要是卖给合作社的周边村，每年的净利润是7万~8万元。

最后一项收入来源是农机服务，社里有大型收割机6台，农机服务利润每年十几万元。

合作社的利润60%用于分红，10%作为公积金，10%作为公益金，还有20%用于其他费用支出。公积金用于自然灾害的风险预防和购买农机具。合作社的公益金主要给新兴屯，因为该村没有人种地。明新屯几乎人人种地，没有从合作社提取收入。但是明新屯需要时可以用新兴屯的部分公益金。新兴屯和明新屯的财政独立。以前合作社到年末会开社员大会，会上公开收支状况，算出利润，现场分红。后来不再现场分红，而是直接把钱打到社员的存折里。合作社的经营情况,每年也要向乡里汇报,有十几个社员代表参加。

第四节　统分结合,协助社员生产

合作社的运营宗旨是统分结合,称为"五统一分"。"五统"指的是土地统一、技术统一、种植品种统一、农资统一和统一销售。"一分"是指分户经营。土地统一主要指的是,方田化改造之后,土地被统一划分为一个个2000平方米的大池子,而且水坝的建成保证了集中灌溉。技术统一是指金书记为社员提供技术指导,为防病治病打下基础。虽然近些年社员的生产没有面临大的灾害,但是也面临一些小问题。如2016年,当地的水稻三代黏虫暴发,新兴屯和明新屯情况都很轻,但是昌平屯较严重。种植品种统一指的是,合作社依托315亩试验田进行品种的系选工作,社员可以从中选择自己喜爱的品种进行耕种。农资统一指的是,合作社在每样农资里统一一个品种,以低于市场价卖给社员。社员也可以自行选择其他农资,到市场上购买。如2017年,合作社统一的复合肥为黑龙江本地产的"苗必壮",100斤装的一袋为133~135元,而市场价为140多元;范社员购买的是"斗地主",市场价为140元一袋,他想试试这种肥的效果如何;田社员听别人推荐而使用"金正大",市场价为145元一袋。统一销售指的是社员把稻谷卖给合作社,合作社再把稻谷统一卖给鱼池乡的经纪人。下面,我们就合作社在协助社员生产方面的具体服务展开分析。

一、试验田保证繁种和选种

新兴村处于黑龙江省第三积温带下限,每年水稻的生长期为120~130天。而邻近的五常市处于第二、第三积温带,稻米生长期为136~140天,因此能种出知名的"稻花香"大米。2013年底,黑龙江省委书记到新兴村考察时,向金书记提出"虎峰岭下冷水田,朝鲜民族优质米",希望他能研究出一个能跟"稻花香"抗衡的品种。金书记从1976年开始做水稻研究,专攻品种的系选工作,也就是把科研单位培育好的种子进行田间试验,看哪个品种好,观察选好的品种长出的稻穗和稻粒有没有变异,第二年再种这个种子,以这样的方式培育。(见图6-3)

合作社有315亩良种培育、高产示范试验田。近年试验的品种包括常规种子:龙稻18,香稻系列,龙清系列,绥化系列。试验田收获的稻粒经过精挑细选才留给社员做种子。合作社干部田德芳是社里4位被金书记选上参与抽穗工作的人员之一,他描述道:

> 从试验田购买的种子都是书记一个穗一个穗抽出来的。

上半天一捆,下半天一捆。抽完后,用小型打稻机单独打出来,这时我们就可以帮忙了。抽穗书记一个人干,打谷子我们就可以帮忙了。一天只能出10斤种子,只够10亩种。金书记告诉过我们怎么抽穗,要高矮一样的,上面有两个粒的,没有病,没有红斑。抽穗太麻烦了,必须给细心的人(做)。

选种是社员民主参与的一个过程。合作社总经理康立福给我们描述社员参与选种的过程:

每年9月,社员到试验田里选种,候选的稻种有十几个。看哪些稻子没有倒伏,没有稻瘟病,全社80多户不会全来选种,但是种地的40多户都会去。最终会评选出几个好的稻种,但是社员可以自由选择种哪个。每个社员种植2~3个稻种,以减少风险。去年(2016年)大家种植的水稻有三个品种:龙稻18,价格好,米质好,产量高,抗倒伏,没有完全成熟水分高时收购价就达1.8元一斤,其他水稻只有1.6元一斤;香稻,米质好,但比"稻花香"差些;龙清稻5号。选稻种的另一个指标是成熟时的水分含量,因为是机械收割,水分含量要比较低。书记的试验田方便了种植户选种。如果种植户自己(选)种,他们不会试验品种,而是看其他农户谁家的稻子长得好。

田社员和康社员 2017 年种的龙稻 18 种子都是在试验田买的。龙稻 18 种子积温 2400 摄氏度以上，生长期 133 天。市场价 5 元多一斤，但农户从试验田购买就按商品粮价格，1.45 元一斤。而且，从试验田购买的种子比市场上买的在纯度、净度和发芽率方面都高很多。农户以前为了省钱，自己留种，但是现在都不留了，因为担心种子退化得快。

二、催芽车间和育秧大棚

新兴村位于虎峰山下的蚂蚁河上游，水温较低，所以适合种早稻。可是，种寒地水稻面临一定挑战。由于春季气温仍然比较低，水稻发芽慢。如何保证出芽率高，又不耽误 5 月中下旬的插秧，对于一年的收成起关键作用。为此，合作社给社员提供了催芽车间和育秧大棚，提供育秧的保障。（见图 6-4）2014 年，合作社申请到国家项目资金 250 万元建催芽室，合作社也需自筹 10 万元，用于挖地基和建水泥地。育秧的过程大概是：社员在家里浸种 7 天，然后把泡好的种子放到催芽车间，发芽 2~3 天，之后再把秧盘搬回合作社分配给每户的育秧大棚里，育秧 25 天。如果不用催芽车间，在自家的育秧大棚育秧需要 30 多天。因此，催芽车间帮助社员节省了育秧的时间。虽然催芽车间是免费使用的，但是土地多的社员，因为秧盘较多，搬来搬去比较麻烦，所以可能不使用催芽车间。如范社员种 9 垧地，就在自家的育秧大棚里发芽，没有用合作社的催芽车间。

育秧大棚在合作社刚成立的一年后就建了一批,但是因为规格较低,而且也有损耗,所以后来又重新建了一批,每个大棚的材料费是 1.5 万元,共 100 个。大棚按照社员的种地面积进行分配,原则上每种 5 垧地分配一个。不过,因为大棚有多余的,所以社员也可以额外申请。田社员种 7 垧地,申请了 2 个大棚。范社员之前种了 12 垧地,分配了 4 个大棚。两人都认为金书记是农艺师,合作社的育苗技术比外面强,育苗的成功率更高。

三、农机服务与社员责任制

2017 年,合作社共有 123 台机械,包括发芽机、播种机、插秧机和收割机等,总耗资 700 万~800 万元。(见图 6-5、图 6-6)这些机械得到了政府不同程度的农机补贴,有的补贴率是 30%,有的是 60%。由于合作社自身的资金不足,需要向银行申请低息和无息贷款。农机除了以低于市场价为社员提供服务,还外包作业,为合作社创造利润。

当初合作社成立的时候,主要的出发点是帮助种地的社员扩大种植面积,因此农机服务是不可缺的。合作社农机管理的成功和负责人范屯长的努力分不开。范屯长 1963 年生人,本来家在牡丹江市,十一二岁时小学没有毕业就到明新屯跟爷爷学认字。后来,从 16 岁开始,他在明新大队跟老师傅学开农机,直到 1983 年公社解散。那个年代大队有手扶拖拉机和履带翻土机等,在当时算是先进的。他很怀念那个年代,尤其因

为那个年代给了他学习农机的机会,他说:

> 那时明新屯就六七户汉族,其他都是朝鲜族的,村里干部也都是朝鲜族人(金书记叔叔那时候做大队长),我作为一个汉族本是捞不着的,根本没机会去大队开农机。他们开农机,我就跟着看,人家开不了,我就能开,人家修不了,我就能修。金书记叔叔就说,"你小子怎么能开?两个老师傅说,你小子行啊,你能开"。(金书记)就叫我跟师傅学。我记得17岁的时候,尚志来了个女师傅,会翻地,我跟她学了一个月。后来就是自学……单干了之后,大队的机器就折价卖给个人了,一个几百块,还没一头牛值钱。

单干后,由于土地细碎化,农机逐步被淘汰。因此,社员中懂得如何维护农机的人不多。合作社刚成立时,社员使用农机的情况还不是很普遍,所以合作社买了2台拖拉机、20多台插秧机,廉价租给社员使用。可是由于缺乏管理农机的经验,合作社走了一些弯路。康社员这样说:

> 合作社2009—2010年的时候是亏损的,那时候刚刚起步,亏损的部分合作社自己拿钱来赔。第一年的时候农民对经营不懂,机器坏的多,公家的东西不好好用。后来我们就想了解决办法,比如今年你种地,那这台插秧机

就给你用，你不能再转给其他人用，用完了之后如果坏了那你要赔偿一部分费用，这样的话大家就不会乱用了。不过现在大家都买了机械，就不存在这个问题了。在这之后，合作社每年都赚钱，也没有遭受水灾、天灾什么的。

另外，合作社后来买了100多台插秧机，但质量不好，用了3年就坏了。可是生产农机的公司已经倒闭，所以坏了的插秧机没有办法换零件。而且农机是用国家补贴买的，因此也不可以私自变卖，他们只好向上级打报告。后来上级批准他们出售这批农机，他们卖了坏得比较严重的，数量占到一半。买的时候一台2万多元，后来只卖了3000元一台。

合作社刚办的3年，社员都用合作社的机械。后来随着耕地面积的扩大，挣钱多了，社员都纷纷自行购置农机。合作社农机管理负责人范屯长给我们数了社员2017年拥有农机的情况：

现在每家都有打浆机、旋耕机和拖拉机，插秧机每家至少有1台，但有的种地多的，就需要另外雇机或者向合作社借大机，小型机一天可插15~20亩。一般收割机需要租用合作社的，每亩120~130元，而市价一亩要150~170元。

总结了之前的一些失败经验后，如今合作社通过建立一个固定的专业农机手队伍来管理农机。目前，农机队一共有8个农机手，都是社员，他们都有农机驾驶证。新兴村现在会种地的农户基本都会开农机。操作插秧机和小型收割机不需要考证，但是大一点的农机操作是需要资格证的。合作社成立之后，因为购置了农机，掀起了考农机证的热潮。有个别人，如范屯长，很早就考了。而对于那些不熟悉农机的人，合作社统一组织培训。

农机手不仅负责操作机械，还要负责保养。范屯长说：

> 我们的车是由每个农机手负责的，比如这台车归你开，就只能你开，不能再给其他人开，开完这台车，也归你维修。另外，机器发生故障时，我们有3人的专家团队一起评估故障成因，我一个，跟合作社开车的小孙一个，还有农机局来一个人，技术上主要是我诊断。因平时不解决小毛病、不保养而出现大故障，农机手需要自己负担维修费用，而且以后也不准他用这个农机了。如果是突然的大故障，就由合作社负责。

现在，合作社主要提供春天翻地、耙地和秋天收割的服务，这些都由社里的农机队负责。如果干不过来，合作社也会雇两个农机手开小型的农机。大的农机还是由社里的农机手自己开。无论是自己的农机手还是雇用的农机手，社里都给买保险。

第五节　从读书组到老年协会

合作社成立后，致力于村庄的公共事业，改善村民的生活。比如，村里通了自来水，吃水不花钱，社员很骄傲地说："全国也没有多少村能这样吧？"另外，村里修了水泥路村道和农田砂石路，除去中央和地方政府负责的部分，其余费用由村集体承担，不需要村民个人承担。不过，虽然村民不用为这些公共设施掏钱，但是他们要为维护集体财产负起责任。范屯长这样说：

> 我们村民不出钱，但会出一点力。比如整水渠要清理杂草这样的小活儿就是自己干。需要人了，我就叫那些有份种地的去干。谁家不干的，最后（我）把大家的活儿折算成工钱，全由不出工的那家付。

另外，合作社主要支持的社会服务组织是新兴村的朝鲜族老年协会。（见图 6-7、图 6-8）老年协会的前身是 20 世纪 50 年代成立的读书组。当时，因为解放战争、朝鲜战争，全村男人基本上都当兵了，只有妇女和一些残疾人在家干活。他们白天干活，晚上读书。五几年的时候，有个女性军属当了村支书，六几年乡政府设在新兴村的时候，乡长也是女性。随着人民公社成立，耕读结合变成常态化。分田到户后，早年间读书组的成员已经六七十岁，干不了活了，可是他们怀念从前的集体生活，就在1985年成立了老年协会。现在会员有35人，一半是妇女。每年冬天的3个月，老人们白天是在一起过的。大家上午一起打门球，中午一起吃饭，下午读书、看报、打牌等。另外，每逢节假日，他们还组织文艺表演，跳朝鲜族舞蹈，每年还组织集体外出旅游，等等。

老年协会有个房子作为活动场地，盖房子的钱是上级拨款给村集体的。另外，村集体还分了4垧地给协会，包括1垧多水田和2垧多旱地，这些土地已流转给社员耕种，协会每年获得承包费8000多元。另外，会员每人每年交200元，作为活动经费。最后，协会还有合作社给的公益金和外出打工人赞助的钱。所有这些加起来，协会年收入大约有2万元。我们感觉到，集体生活使老人们变得非常热情开朗，朝气蓬勃。

第六节 合作社能否平稳发展？

一、集体化的动因

新兴村是在改革开放以后，尤其是合作社法施行以后重新进行组织的村庄。合作社是以分田到户的家庭联产承包责任制为基础，村委会牵头组建的合作经济。在组织合作社的过程中，村党支部尤其是金正浩书记起了关键的作用。新兴村是以朝鲜族居民为主的村庄，朝鲜族居民是在日本侵占东北三省后由日本当局从朝鲜组织到此的。在集体化时期，由于稻谷产量低，人口多，所以新兴村属于贫困村。改革开放后，农业收入低，在中韩建交之后，该地大量朝鲜族村民到韩国打工挣钱。农业人口的外流，导致了土地荒废，促使农艺师出身的金书记思考如何能探索出一条路来振兴农业，使在家种地的村民能够获得的收入接近外出在韩国打工的村民的收入。合作社成立以后，组织土地流转，推广农机服务，实施方田化改造，使得社员走上规模种植的道路，并取得了显著的经济效益。

合作社覆盖两村三屯共6000亩地，其中有5000亩地承包给40多户社员种植，另外1000亩由合作社自主经营，为社里创造利润。虽然合作社是由村党支部书记领办的，但是合作社与村集体的财政分开，因此合作社没有采取政企合一的模式。对于承包给社员耕作的5000亩地，合作社只是起一个平台中介的作用，且没有收取中介费，因此，社员只是取得土地的经营权，承包权依然在外出打工的村民手中。同样，对于自主经营的1000亩地，合作社也需要付流转费给村民，所以合作社也只是取得土地的经营权。由于土地的流转费按照市场价核算，把土地流转出来的村民大多表示愿意和支持，这使得合作社的形成和运作都没有遇到大的阻力。

如何看待新型集体经济与人民公社的历史之间的关系？由于新兴村在改革开放后分田到户，所以和集体化的历史有断层。

可是，集体主义精神的历史遗产仍然发挥了重要的作用，具体体现在合作社一些干部"又红又专"的特色上。金正浩书记在1975年19岁的时候入党，当时就决心打造一个富裕、美丽和文明的村庄。他办合作社的出发点也是带动留守的村民走上共同富裕的道路，而不是谋求个人的私利。另外，他从小对农学感兴趣，考上了农艺师，对包括从育种到田间管理的方方面面都很在行，对合作社的旱涝保收起到了关键作用。同样，出生于1963年的合作社农机管理负责人范屯长，也有一副为人民服务的热心肠，志愿承担合作社的农机管理服务工作。因为成长在人民公社时期，所以他有机会接触农机，并学习农机操作和维修的专业知识。合作社有了农机的普及，可以帮助社员扩大耕种面积，同时又有农艺师的指导，可以使生产顺利进行。这些都是合作社能够平稳发展的重要前提条件。

二、协助生产有一套

合作社通过使社员扩大种植面积、降低生产成本和增加亩产，从而增加了社员的市场竞争力。在合作社成立以前，外出打工的农户把土地流转给周边的不同村庄。合作社成立后，把全村土地从农户手里流转过来，再把5000亩地承包给40多户社员，使每户的土地耕种面积从十几亩扩大到100多亩。同时，合作社发展农机服务，刚开始提供拖拉机和插秧机，到后来社员有钱了就自行购置插秧机，合作社提供收割机。首先，现在有了农机的协助,社员主要利用家庭劳动力,只在收割装袋的时候雇短工,就可以应付生产的需要。其次,合作社设立了315亩良种试验田,为社员提供优质、廉价的种子。再次,因为合作社有常驻的农艺师,随时解决农业生产中出现的问题,所以社员的亩产比周边地区亩产高出200斤左右。总的说来,种一垧地的年利润超过1万元,村里人均年收入达3万元。范社员从前出去打工,现在在家务农很满意,他说:"现在种地比打工强,干活不累,挣得还多。在家种地下雨天可以喝点儿酒,出去打工老板让你干你就得干,干了一年可能工资还拿不到。"康社员说:"我不想出去打工,在家里一年就干3个月,他们出去一年365天每天都要干活,挣的和我差不多,我去干啥,不如在家种点儿地得了。"

但是,虽然合作社能留住部分汉族社员,但是其对朝鲜族村民的吸引力就很小了。目前,常驻村里的朝鲜族除了一两户中年人之外,其余的都是老人。因为去韩国打工,很早以前朝鲜族村民一年的收入就超过5万元,所以朝鲜族中青年很难被吸引回来务农。何况,社员收入较高是因为种地的人少,所以分摊下来的土地面积大,如果大量村民回流,意味着种地农户的土地面积又会缩小。

三、今后路在何方?

合作社目前一年的盈利是30多万元,利润的60%用于分红，只有 10% 的利润作为公积金，也就是每年只有 3 万多元用于自然灾害的防范和扩大再生产。合作社的很多服务是公益性的，如流转土地不收中介费，按粮食的价格把稻种卖给社员，所以很难形成高积累。因此，合作社的发展在很大程度上靠国家的项目资助，如农机贷款、水利设施的建设等。如果合作社今后要发展多元化生产，或者开展粮食加工，到底应该靠自身造血还是政府支持？这是无可回避的问题。

至于合作社内部民主化的问题，合作社打算以后试验什么种子，推荐哪种肥料和农药，都由合作社理事会开会共同研究，然后由社员大会再研究。此后 7 天，社员投票，一人一票。社员大会每年 3 月和年末各召开一次，3 月的会议讨论农资问题，年末的会议讨论分红和购买农机的事。另外，社员民主参与之处还包括在试验田里投票选自己喜爱的稻种。金书记是个权威领导，而且因为社员都觉得他大公无私、专业水平过硬，又申请到很多政府项目，所以都对他钦佩有加。但是，也有不少社员担心书记退休后，合作社难以维持。

新兴村的实践对中国集体经济发展到底有哪些现实意义？周建明等[①]曾就集体经济提出这样一个问题："农村集体经济作为农村基层政权的经济基础，是农村社区科学发展的主要资源保障之一，还是只是一个农民增收的途径？"因此，集体经

---

① 周建明，夏江旗，张友庭.发展农村集体经济——中国特色社会主义道路中亟需解决的一个重大问题[J].毛泽东邓小平理论研究，2013（2）：46-51.

济不能仅是一棵"摇钱树",更重要的是必须在乡村振兴上做出贡献。通过前文的介绍,我们看到新兴村已经成功地推动农业发展,帮助村民致富。最后,我们还要讲讲合作社如何提振农村的精神面貌。在分田单干后,村里人与人之间变得淡漠,范屯长这样形容:"分田之后大家的关系就疏远了。现在看见谁家地里生虫了,关系好还跟你说一声,不然谁理呢!现在的人啊,相互嫉妒,见不得谁好,相互排挤。"可是,因为合作社,大家沟通、合作的机会多了,"关系变得好多了"。以租用收割机为例,合作社只有6台收割机,但是10家社员都要用,怎么办?肯定是先给几家用。有的社员排在后面,会有意见。合作社的干部会进行调解,上午给你收,下午给他收,行不行?社员也慢慢学会了考虑他人的利益,而不只是顾自己。

今后新兴村会往哪个方向发展?是鼓励社员追求利益最大化,扩大种植面积,加速土地兼并,最终出现两极分化?还是采用生态社会主义的发展方式,提倡多品种种植、种养结合、合理布局,真正走上繁荣的道路?我们拭目以待。

第七章
市场导向的合作经济与生态农业：发展与困局

第一节 村庄概况

山南村①是黑龙江省五常市下辖的一个村庄，以种植水稻为主。2003年，原山南村和原周家村合并，组建了一个新村，名为山南行政村。按照1998年第二轮土地承包时登记在册的土地面积，山南行政村2003年的总耕地面积为17 000多亩，后因毁林开荒，耕地面积有所增加。全村共有旱地11 000多亩，主要种植玉米；水田6000亩，主要种水稻，都是一年一季。按照村支书黄书记的说法，2017年还是"一村两制"，在财务方面，原山南村和原周家村是分开的。最初合村时，两村的财务曾合并过，但因为很多关系没有理顺，不久后两村的

---

① 文中的村名、人名皆已做匿名处理。

财务便分别运行。我们在2017年暑期调研的主要是原来的山南村,因为在合作社发展方面,原山南村比原周家村更活跃。以下所述的"村"或"山南村"主要是指原山南村。

山南村共715户,3060人,全村耕地面积为8774.7亩,人均耕地面积不到3亩。全村共分为5个村民小组,每个村民小组的人均耕地面积分别为2.83亩、2.73亩、2.16亩、2.84亩和2.7亩。从户均耕地面积来看,土地多的农户承包地面积能达到10垧以上,土地少的则只有1~2垧。此外,经过农户自发开荒,山南村近年来新增了2000多亩耕地。

除了农户的承包地外,从20世纪80年代初的第一轮土地承包开始,山南村还按5%的比例留了机动地,村里的机动地不超过500亩。山南村按3年一发包的方式将机动地承包给村民耕种。之所以每次发包周期是3年,是因为机动地大部分在河边,容易受涝,如果某一年受了涝灾,承包户还有两年的机会平衡损失。机动地的竞标价格主要受到粮价的影响,在大部分年份,机动地的竞标承包费是1000元/亩;但由于有些年稻米的行情好,竞标承包费会上涨,如2017年上涨到了1550元/亩。

村集体资产价值1200万元左右,村集体年收入大约是30万元。集体资产包括:大米加工厂,沼气站,养殖小区,集体林地和集体机动地。沼气站暂时还没有带来收益;集体林地的收益主要来自国家发放的公益林补贴;大米加工厂的收益也不太稳定，好的时候一年纯收入能达到5万元。目前村集体经济收入主要是靠机动地发包，每年的发包收入大约是30万元。

从村庄分化的情况来看，所耕种土地面积的多少基本上决定了村庄中的分化。山南村的农户中，有30%的家庭有积蓄，30%的家庭基本可以维持收支平衡，还有30%~40%的家庭负债。在所有农户中，家庭年收入在100万元以上的不到1%，这些村民主要是在外做生意的。家庭年收入在20万~30万元的农户大约有20户，占所有农户的不到3%，他们所从事的行业不一。家庭年收入在10万~20万元的农户有几十户，约占10%。这部分农户大部分是种粮大户，他们主要是通过开荒扩大了经营规模，如果不计家庭劳动力成本，他们每公顷土地可获得大约2万元的纯收入。除上述人群外，家庭年收入在5万元左右的农户约占60%，这些农户每户的耕地面积为两三公顷，耕地一般是自家承包地。剩下的25%左右的农户，通常只有自家的一公顷承包地，其由于各种原因没能去开荒，因此耕地面积很少，村庄中负债的农户主要是这部分群体。

第二节　合作社的建立：能人主导与低度动员

山南村的黄书记对壮大集体经济有很多自己的思考，村里的合作社也是在他的推动下逐步建立起来的。此后，在国家项目的支持下，山南村逐渐积累了上千万元的村集体资产。其合作社从建立到受挫，也反映了当下合作经济的一些普遍困境。

一、合作社建立前：劳动力输出、村级工会维权与村庄凝聚力的建立

从 2003 年开始，山南村开始有组织地输出劳动力。在与黄书记交谈时，他提到，村集体最初组织劳动力输出，也有种植结构调整的想法。村里一共 3000 人，当时的设想是 1000 人种地，1000 人养殖，1000 人外出务工，大家各按兴趣、按能力从事不同行业。

2003 年，村里送出去好几百人，年龄大的主要做体力活，年轻的进了大型超市打工，知识水平高的主要做装修设计。直到 2017 年，当地还有一些村庄在组织劳动力输出。随着大规模的劳动力输出，山南村建立了村级工会，以解决村民的后顾之忧，山南村的工会也是黑龙江省第一家村级工会。

工会的作用主要包括三点：（1）提供招工信息；（2）帮助农民工维权；（3）组织农业生产，以解决劳动力外流后农业生产的后顾之忧。工会的第三点作用，后来是由村集体牵头成立合作社来实现的。在工会建立后的相当长时期内，工会的主要重心还是在维权方面。在合作社正式建立以后，工会放在了合作社下，合作社有笔资金是用于维权的。据村干部介绍，工会帮村民挽回了八九十万元的经济损失，共发起二三十起维权。

村干部介绍，他们发起的维权有不同的类型，其中最常见的是围绕工伤赔偿的维权。有一个村民打工时被模板砸伤，老板说他是农民，所以只赔偿 10 万元。山南村工会请了律师去谈判，最后多赔偿了 20 多万元。另一起工伤维权的案发时间是在 2008 年的中秋节，一个村民在哈尔滨的一家建筑公司里受了伤，并被送进了医院。村里的书记、会计、治安员等五六个村干部去了哈尔滨，找这个村民所在的建筑公司谈判。最初几个村干部是以村集体的名义去谈的，公司不愿意赔偿。后来他们以工会名义去要求赔偿，对方突然变得很客气，最后赔偿了两万多元。除了工伤赔偿的维权外，还有欠薪的维权案例。有个村民在佳木斯做维修工，想离职，公司不肯发放全部工资。最后也是工会出面，帮他把几个月的工资都讨了回来。在经历了一系列维权斗争后，村干部和村民都意识到，有组织就好办事。

在谈起组织劳动力输出时，黄书记反思道："现在看，送工出去还是个错误，造成一些问题：社会负担，留守儿童，留守妇女。"所以他希望能让村民在家就有致富的机会。"现在国家鼓励回乡创业，但光有政策不行，还要有实施的载体。比如我们现在搞的有机种养模式，一年两口子两垧地就能挣 10 万块。现代农业由谁来做？不能指望'386199 部队'（妇女、儿童、老人），要用发展经济把人吸引回来，要通过发展二、三产业让农民能分到一笔钱。怎么赚（钱）？必须要依靠合作社作为载体,种养结合,做加工。"正是在劳动力大量外流的情况下,黄书记开始意识到通过在村庄内部建立合作社、种养结合及发展加工业来壮大集体经济的必要性。

二、合作社初建:能人引领,统购统销抵御风险

实际上,早在2004年,村里就建立了"农民经纪人协会"。这个协会主要是由村里的种植大户联合成立的,协会的成员也以种植大户为主,共有50多户。其中,种植规模最大的一户有8垧地,最小的也有1~2垧地,一部分农户是通过土地流转来扩大种植规模的。这些大户最初成立协会主要是为了抱团采购。这个协会就是后来山南村合作社的雏形。

山南村在2006年12月成立了合作社,在2007年合作社法正式实施后,山南村正式注册了合作社。不过,由于最初上报的合作社名称缺了"专业"二字,山南村的合作社在2008年5月才注册成功。合作社刚成立时,社员仍以此前的"农民经纪人协会"成员为主,只有50多户。两年后,社员逐步发展到300多户。此后,因为各种情况的出现,社员发生了比较大的变动,到2017年时,合作社还有200多户社员。

作为合作社的主要发起人之一,黄书记认为,在农村,合作社是一种很合适的经营主体。他说:"可以把任何一种经营主体带进来,不管你是散户,你是大户,你是家庭农场,都可以进入合作社。如果需要注册农业企业,在合作社的旗下成立一个企业,也可以运作。合作社可以把人员组织起来进行统购统销,可以跟大企业谈判,买到的农资价格、质量都有保证。"除了增强社员的市场谈判能力,黄书记还提到合作社的另一个重要优势:"这是农民自己的组织。任何其他的主体,外来的大户、企业,跟农民打交道都容易遇到问题,但合作社就是农民自己的组织,跟农民打交道不会有问题。"黄书记说,外来企业或大户在经营过程中,常常与当地村民发生矛盾冲突,还常常因这些问题而经营不善。因此,他特别强调合作社的"本土性"。

不过,山南村合作社主要是在几位能人村干部的带领下发展起来的。山南村合作社的几位负责人以村干部为主,承担具体工作的有村支书黄书记、两位村委会委员冯兴民和黄远程。黄书记任合作社理事长,主要负责在外跑业务,冯兴民任合作社出纳,黄远程任合作社销售员。此外,合作社还将全村划分为6个生产片区,每个片区有一个"区长"。冯兴民和黄远程也分别担任了一个区的区长,还有一位屯长担任了一个区的区长,剩下的3位区长是普通村民。区长主要负责本片区的稻米种植监督、稻谷收购、发放农资等日常事务。具体而言,区长需要统计地亩数(也就知道了农资用量)、监管耕种全程以及跟踪销售情况(追踪社员的订单是否兑现)。统计地亩数的工作是每年都要做的,因为有的村民前一年入社,第二年不一定入社。例如,某个片区一共有90户农户,往年跟合作社签过种植订单的一共有34户,这个片区的区长就需要在每年春播之前给这34户农户分别打电话,询问其是否入社。区长每年有3000元左右的误工补贴,具体的补贴数额与所负责片区的种植面积挂钩,每个区长管理的面积在六七百亩到一千多亩之间。

在能人的带领下,山南村合作社延续着"农民经纪人协会"的模式,在成立之初也主要为社员提供农资统购、农产品统销等服务。在农资统购方面,黄书记谈到了统一购种的必要性。在合作社成立之前,绝大多数农户都以个人单独购买种子为主。那时的种子市场特别乱,种子一旦遭遇早霜,就会导致减产。黄书记提到,有的种子不出苗,农户怀疑是购买的种子里掺杂了陈种子,导致后期产量严重受损。农户自己去找种子公司讨说法,往往很难得到赔偿。黄书记说:"因为降水、气温异常等各种原因都可能导致减产,旱、涝、风、雹、虫,任何一项自然灾害都可能引起减产,所以农民维权很难有结果。"一般来说,种子出问题,由地方政府的种子管理站来鉴定,但种子管理站和种子公司也存在利益关联。为了解决种子问题,黄书记在1999年担任村支书以后,就开始积极寻找良种。

黄书记说:"我当年没考上大学,回到家里,我看书、学习、记笔记、记日记,搞了很多年。我原来想象自己当个科技示范户,搞大棚种植,让大家学习。后来我当支部书记之后,我就想,必须走出去。"走出去的一个目的就是寻找可靠的种子。从2000年开始，黄书记不断寻访研究所，参加农业博览会，经过多番努力，给村里带回了大豆、玉米、水稻等多种作物的良种。他说："成立合作社之后，种子都是由我们提供的，这些年种的都是'稻花香'。现在的社员都是你给他提供什么，他就种什么。要是维权，你个体维权和集体维权能比吗？作为一个合作社，我们如果和他（指种子商）掰扯，他就算自己有理，也要多考虑考虑，（因为）我们面积够大。"这个逻辑在化肥、农药等其他农资产品的采购上也是成立的。合作社的成立在一定程度上增强了农户在农资采购上的市场谈判能力。

对社员而言，加入合作社的另一个好处就是不用担心销售问题。黄书记说："加入合作社后粮食有人要，这是有把握的。社员统一送到村上，跟村上算账，不用考虑粮没卖（出去）咋办这些问题。"此外，合作社统购农资，也在一定程度上缓解了社员的资金压力，相当于合作社帮社员垫付了农资的费用。他还说："没钱买农资的社员，可以在秋后用粮食来抵。"

据合作社的几位发起人介绍，合作社本来是有二次返利的，就是将合作社销售利润的70%返给社员，以社员的交易量来计算分配比例。但到2017年我们调研时为止，合作社还没有进行过二次返利，主要是因为之前的财务问题还没有解决。社员对此倒也不十分在意，他们更关心粮食能否卖出去，以及售价是否能高于市场价；关心如果没有资金，春天是否也能把地种上。

总体而言，山南村合作社主要是在能人村干部的带领下发展起来的，合作社为社员带来的好处主要是能组织统购统销。

三、村庄内部信任关系重建，但对村民的集体动员有限

在谈到组建合作社以后的变化，村委会委员黄远程提道："合作社把大伙联系在一起，平时我们跟百姓都有沟通，所以（成立）合作社对调解纠纷太有帮助了。"黄书记也非常有意识地引导其所带领的村"两委"成员积极为村民调解纠纷。黄远程说："黄书记为外出打工的搞维权，谁家有困难、有纠纷，他都一一去解决。他要求我们其他干部也这样做，我们每年都要调解五六十次纠纷，有的纠纷要调解好多次。"在农业税取消以后，村干部与农户直接打交道的机会大大减少。随着国家对农村基础设施建设的投入不断增加，村庄在修路建渠等基础设施建设方面，也不再需要向村民筹资筹劳，村干部需要与村民打交道的机会也不多。另外，在第二轮土地承包后，国家不再鼓励土地调整，而实行"增人不增地、减人不减地"的土地分配方案，村集体的土地所有权也被虚化。在这一背景下，村干部与村民之间建立体制性关联的机会不断减少。这造成了村干部与村民之间的疏离，也使村集体的组织能力下降。在山南村，合作社的建立使村干部与村民之间互动的平台得以重建。在村级工会的维权行动、村庄合作社运转中，村干部需要做大量的工作，为村民解决外出务工的维权问题，解决农业生产、销售方面的实际问题，这让村干部与村民之间重建了信任关系。

但需要指出的是，在这样的运行模式下，合作社内部的重要事务，例如大米的售价、农资的采购渠道等，主要由合作社理事会讨论决定，缺乏普通社员的参与。我们在对不同社员的访谈中发现，合作社所做的集体动员工作比较有限。全体社员大会每年只在春播和秋收前各开一次，要求所有社员到场。春天的会议主要是确认入社社员户数和土地面积，以及为有资金困难的社员介绍资金互助方案等；秋天的会议则主要安排粮食销售事宜。除此之外，很少有社员参与的会议，重要事务主要由合作社几个主要负责人开会决定。从这个角度说，合作社的运营模式仍然是自上而下的，社员是被动参与的，主要是被服务的对象，他们对合作社的管理、运营知之较少。也就是说，山南村合作社还没能实现对村民的充分动员。

四、有限的资金互助

2006年，合作社开始发展资金互助，由村里的闫会计负责。最初发展资金互助时，主要是闫会计和黄书记二人动员自己的亲戚将资金投放在合作社，一共吸纳了35.2万元的存款。资金互助池的存款利率是6%，贷款利率为7%。闫会计特别解释道："我们存放款只对内部社员，属于内部互助，对外贷的话就算扰乱金融市场。（每户）贷款最高额度2万（元），这样好控制。"合作社在2007年把存款利率调到了7%，此后调整到了9%，并一直维系在这个水平。同时，合作社也一直将每年的资金总量控制在200万元以内。合作社的资金互助最初主要针对农户的农业生产需求，后来扩大到了农户的生活需求，例如孩子上学、结婚、盖房等，还款期均为一年，借款人到秋收时也可以拿稻谷来还。曾从合作社借贷过的村民说，在借款时，合作社也会进行一定的评估，例如了解借钱的用途、地亩数多少等。如果借款农户的土地有限，合作社也会控制借贷的额度。

闫会计还提到，最初开展资金互助时，合作社还被告到了银监会。银监会派了人来调查，发现他们的管理很规范，于是山南村的资金互助又成了典型。

如前文所述，农户中约有30%每年只是基本维持收支平衡，30%~40%是负债的，只有30%有积蓄。全部村民中大约只有10%有能力投资到合作社的资金互助池，资金互助本身也反映了村庄内部的分化。闫会计介绍，在合作社存款最多的一户存了20多万元，存款农户不超过30户，贷款农户有100户左右。从目前来看，资金互助的发展还比较有限，合作社主要从风险控制的角度考虑，对存款资金的总额做了限定。资金互助解决了一部分农户贷款难的问题，不过总体而言，参与的农户仍然有限。

第三节 "合作经济"困局

黄书记谈道，五常市有6000多家合作社。全市一共261

个村，1558个屯，平均下来，一个村就有近26个合作社，一个屯都有4个合作社。"说明这里面有很多假的、僵尸合作社，或者很多是以合作社的名义办的企业。真正起作用的1/10都没有。"关于空壳合作社、"假合作社"问题在学界已经有不少讨论。① 由于山南村的合作社是以发展集体经济为目标，如黄书记所说，追求的是"集体共富，合作共赢"。因此，我们不能仅从一般的农民专业合作社角度来讨论该合作社，更应将对山南村合作社的考察放在对"集体经济"的讨论中，将之看作与"集体经济"相对应的"合作经济"。这意味着我们将从合作社的发展是否有助于村集体提升公共性和公益性，增强村民间的互助性和整体凝聚力等方面来分析该合作社的内在特点。

山南村合作社的问题主要表现在两个方面。第一，合作社没有处理其内部的分化问题，这对合作社的长久发展来说是个限制因素。第二，合作社对社员的动员不足，能人主导的特征比较明显。

一、合作社内部的分化问题

就第一个问题而言，对分化问题的轻忽，与合作社带头人对"集体"和"市场"的判断有关。尽管黄书记在访谈中十分强调"集体"和"合作"，也明确表示集体和合作是社会主

---

① 严海蓉，陈航英.农村合作社运动与第三条道路：争论与反思[J].开放时代，2015（02）：180-200.

义的优势,但他对市场有很多美好的想象。黄书记谈道:"今天,离开集体会出现很多问题。让一部分人先富起来,就变成'过程不重要,结果很重要'。今天我们农村更需要恢复过去的仪式感。善因结善果,要让大家知道集体的力量就比个人大,在大灾大难的时候尤其能体现出来。"对于"村集体"的衰落,黄书记也表示无奈:"今天提壮大集体经济,改革开放以后,我们用了30多年的时间发现没有集体不行。但你相信集体吗?连惠农补贴都直接打给农民个人(而不是通过集体来发放)。"他希望通过发展合作社来重建"集体"。不过,他也明确表示:"这个'集体'不是'集体化',跟市场要对接,此'集体'非彼'集体',不是把土地再集中起来。"也就是说,黄书记对集体的理解是"与市场对接的集体",是在市场经济条件下的一个竞争主体。

在分化已经存在的情况下,让市场地位不一的主体同台竞争,只会使分化进一步加剧。同时,黄书记希望在不改变分化局面的前提下,让每个阶层的收入都有一定程度的提高,而不是"去分化"。作为领头人,黄书记对合作的理解,很大程度上决定了合作社的发展方向。

村民赵大哥2006年加入了合作社,2015年退出。他退出合作社最主要的原因是2015年他家的土地面积减少了。他最初加入合作社时,从外出打工的亲戚那里流转了7大亩(1大亩为1000平方米)水田,后来因为亲戚回来了,赵大哥把流转的土地退了回去，土地面积减少到 2 亩。他说："再加入合作社也没意思了，就退出了。（地多的时候，合作社的）农资价格（虽然）比市场价高一点，但是（合作社收购的）粮价也高一点，总（体算）起来也能多挣一点钱。现在我还种'稻花香'，留下口粮之后，剩下的就在大道上（指路边）出售了。"由于土地面积减少或土地面积小而退出或不加入合作社的农户还有赵大哥的邻居大姐。这位大姐家只有 1.8 亩水田，因为土地面积小而没有加入合作社。由于合作社推动的是生态种植，加入合作社以后要按生态农业的要求种植水稻，需要投入的农资成本比常规种植的高。尽管合作社收购粮食的价格也略高于市场价，但对小农户来说仍然不划算，因为卖粮给合作社结算很麻烦。村民姚大姐说："有的人愿意卖给市场，虽然价格比卖给合作社每斤低两三毛，但（卖）给市场可以得现钱，见钱快。而且在合作社里种有机大米费时费力，需要投入的人力多，人家不想费事。"从这个意义上说，由于生态种植要求投入的劳动力、资金更多，合作社客观上排斥了地少的农户和资金短缺的农户。

二、合作社的松散组织

山南村合作社的另一个特点是社员的组织化程度不高。一方面，在统购统销上，合作社"统"的程度并不高。会计方永江也是合作社的发起人之一，他提道："社员是动态的，有出有进。有的人学会卖（有机）米了，就出去了，自然他们也就不享受合作社服务了。合作社希望社员自己会卖米，这样合作社压力就小了。"根据社员的估计，合作社约 1/3 的社员有自己的销路，合作社也支持村民自己去卖米。黄书记在给村民开会时特别提到，每个人都应该锻炼自己的销售能力，"过去你认为用微信就是聊天，那是（对微信的）消费，今天应该用它赚钱"。在这个理念下，山南村鼓励村民自己组建新的合作社。例如 2017 年 6 月，山南村就有一个新的水稻种植合作社成立。这个合作社是一家村民和其 4 家亲戚一起成立的。理事长家种了 10 垧水田（自家有承包地 2 垧，其余的土地是流转来的），其他 4 家各有 3~4 垧地，合作社共有 25 垧地。按合作社理事长的说法，成立合作社主要是为了解决大米销售问题，因为只有成立了合作社才能注册商标。他说："我自己成立合作社，注册自己的品牌，可以让买米的人知道我是真正的种植户，大米是在我手里直接发出去的。"这个新合作社的内部也是相对松散的，几户社员在种植环节都是分散经营的，只是在销售时有一定的合作。

合作社在组织方面的松散还体现在社员大会上。我们 2017 年调研时，村里的一位种粮大户说："合作社成立的头几年开会很勤，每月两三回，早上八九点开，所有社员可以参加。每次都有 100 多人参加。那时候合作社还组织了很多培训，内容是种植技术讲解、市场行情分析等。最近两年，书记和会计在外面跑得多，开会少了。今年开了四五次会，每次只有几十人参加。合作社的活动有时还和村里的会议重合。"社员大会是社员参与合作社事务的一个重要渠道，但由于近年来合作社召开社员大会的频率减少，社员与合作社之间的联系也弱化了不少。社员参与不足会使得合作社的决策权集中在少数人手中。合作社对社员的组织程度低，也容易导致社员无法与合作社共担风险，一旦有风险，社员就会选择退出。

正是在这样的组织模式下，黄书记也很无奈，他说："合作社在拢人的时候很难，利益共享可以，风险共担基本没有可能。"这一感慨源自合作社经历的一次重大危机。

三、合作社危机

山南村合作社正式成立于 2008 年，并从那时起开始种植有机水稻。经过两三年的土壤转化期，山南村合作社才开始销售有机稻米。不过，2010—2011 年，合作社尚未完全打开有机水稻的市场，粮食很难卖掉。那时候合作社的粮食主要卖给了海亮集团、三生集团、上海大疏无界集团和成都尚作公司等，卖的都是稻谷，不是大米。合作社以 2.3~2.4 元 / 斤的价格从农户手中收购，加上库存和保管成本，一斤稻谷的成本是 2.5 元；卖给海亮集团和三生集团的价格只有 2.7 元 / 斤。因为那时市场没打开，合作社也没有谈判价格的空间，能卖掉就不容易了，因此那两年总体来说是亏损的。2012 年，情况略有好转，合作社从社员手上收购了 1500 万~1600 万元的稻谷，销售毛收入是 2100 万~2200 万元，这一年合作社是有纯利润的。

也正因为 2012 年的好年景，2013—2014 年与合作社签订订单的农户是近些年来最多的，共有 300 多户农户加入了合作社。除此之外，为了扩大销量，黄书记还吸纳周边乡镇甚至外县的农户加入了合作社，合作社的社员数量扩大到 800 户左右。合作社之所以广纳社员，是因为 2013 年山南村合作社与海亮集团签了 5000 吨大米的订单，加上其他企业的订单，合作社的社员无法供应这样大量的大米和稻谷，只能吸纳外村社员以共同生产。

然而，2013 年合作社遭遇了一次重大亏损，当年的损失总额达到 500 多万元。这次的亏损一方面是因为自然灾害的影响，另一方面也是因为合作社受到市场风险的波及。2013 年，当地发生了洪涝灾害，导致当年的稻谷出米率很低，最高出米率也仅达到 45%，而正常年份出米率应是 60%。合作社最初与社员签收购订单时，协议的是当出米率达到 55%~60%，才会按高于市场价 10% 的价格收购。但后来由于当地普遍受灾，合作社在收购时并没有严格按照这个标准执行。合作社以 2.1~2.2 元/斤的价格从社员手中收购了 2000 多万元的稻谷，而当时稻谷的市场价只有 1.8~1.9 元/斤。合作社发货给订购稻谷的企业后，企业因这部分稻谷的出米率低，给退了回来，导致合作社亏损严重。此外，2013 年与合作社签订了 5000 吨大米订购合同的海亮集团，也因为自己的销售渠道出问题，没有能力如约收购。自然灾害加上市场风险，共同导致了2013年合作社稻谷的大量积压。

由于2013年稻谷积压，合作社资金周转不过来，2014年合作社便减少了对社员稻谷的收购量。2014年、2015年，合作社每年收购粮食的资金是1500多万元，2016年收购粮食的资金是1700万元左右。这3年合作社的粮食虽然基本都能卖出去，但销售毛收入都达不到2000万元。一些企业因对合作社加工出来的大米质量不满意，又退回给合作社重新加工，来回运费都由合作社出，所以这几年合作社的收益也很少。

在2013年的这次亏损中，海亮集团未能履约收购5000吨大米是一个重要原因。合作社之所以与海亮集团签订这笔大订单，与2013年的另一个决策有关。为了宣传合作社的大米品牌，2013年，合作社的几位负责人决定，由合作社投资1000万元拍一部电影，名为《雪落牤牛河》。这部电影主要讲述山南村合作社发展的故事，同时宣传合作社的大米品牌。这1000万元是向海亮集团借的，双方议定，合作社把大米预售给海亮集团，该集团则提前打款给合作社。正是因为签了这笔大订单，合作社才扩大了社员范围，将外村甚至外县的社员都纳入进来。后来的大米积压，与这一决策直接相关。雪上加霜的是，虽然合作社找了公司来运作这部电影，但电影不太成功。所以加上2013年大米销售方面的亏损，合作社到2017年为止一共亏损了1500万元左右。

经2013年的重创，合作社一直没有恢复过来，直到2017年我们去调研时合作社仍有债务。因此，2013年以后，合作社往往无法即时给农户支付粮款，有时可能要迟一年才能付清，这导致了很多农户退社。合作社在山南村的社员最多的时候有300多户，2016年只剩下126户左右，2017年则只剩下90多户。

对于尚未完全走上正轨的合作社，这一重创无疑使它的前路更为艰难。斥巨资拍电影这一决策，合作社的几位负责人并没有跟社员商量，"因为亏了也亏不了老百姓"。事实上，山南村的老百姓对此事也没有太多怨言，因为此事的确跟他们没有直接的利害关系。

尽管这次危机看起来是诸多偶然因素所致，但危机背后却折射出整个合作社的发展困局。合作社面临的主要困局之一是社员参与度低、组织松散，因此合作社的重大决策并非由全体社员共同讨论做出的，而是由合作社的"领导层"做出的。这也导致了社员只能利益共享、无法风险共担的状况：既然做决策与社员无关，社员自然也不会有承担风险的预期。更进一步，社员的组织化程度低，也与合作社未能正视分化问题有关。社员之间的合作仅限于统购统销，水稻种植仍由社员分散进行，缺乏统筹安排。这使"合作"仅停留在对接市场层面，而缺乏对内部生产关系的改造。其结果是，种植大户更容易从合作社中获利，种植小户则自我边缘化或被边缘化。从这个意义上说，只有改变合作社的内部组织机制，将合作社从仅组织起来对接市场，扩展到对生产的集体统筹，并在统筹生产的过程中加强对普通社员的动员和组织，合作社才可能得到持续发展。

第四节　生态农业的探索与瓶颈

山南村合作社的特色是发展水稻的生态种植。黄书记在1999年上任村支书后，就通过自己的关系网，找到了东北农业大学，花了两万多元，请其在2002年对全村进行了村域规划。这一规划当中的一项，就是发展生态农业。黄书记说："那时候说生态经济都是在喊口号，只有我们在做。到今天（指2017年），我们的有机认证已经做了11年了，我们几个村干部现在都可以（在有机认证方面）出去给别人讲课，大家都很懂。我们给社员做培训的时候都有意识地进行了宣传，不然农民认为：有机农业跟我有什么关系？"由于起步较早，山南村生态农业的发展实践也可以为我们提供一些参考。

一、起步：如何动员农户加入

随着食品安全问题逐渐被重视，生态农业的实践者开始增多。然而，从化学农业向生态农业的转变首先需要进行土壤转化,这一转化通常需要3年时间。在这3年内,农户需要逐渐减少化学品的使用,直至最终不使用化学品,而通过生态系统的自循环获取有机肥,并对病虫害进行生物防治。问题在于,对很多农户而言,在3年的土壤转化期内,减少农药、化肥的使用,通常会带来一定程度的减产。如何在这种情况下动员农户进行生态农业实践,是一个挑战。

在山南村,这个问题主要是通过合作社与外部公司签订订单、与科研单位合作缩短土壤转化期来解决的。黄书记谈道:

> 首先,我们跟社员签订订单,(合作社的收购价)比市场价一斤高5分钱。我们合作社主要解决两个销售问题,一个是难卖,另一个是卖价低。去年(指2016年)水稻保护价是一块五毛五(一斤),今年(指2017年)降到一块四毛五(一斤),恢复到了2012年的保护价水平。生产成本几乎是固定的,在销售的时候减少的价格就是农户的利润损失。当时我们收购一斤水稻比市场价高出5分钱,所以(土壤转化期)农民的收益变化不大。
>
> 我们的理念是,种得好比卖得好更重要。那时候我们合作社的粮食卖到了珠海农丰进出口公司,卖给这家公司,(由他们)自己加工。珠海的这个公司想买五常的有机认证稻谷,那时候好多人不知道什么叫有机认证。我们很早就做有机认证了。全市我们是最早的,所以(这家公司)

到五常农委后,就自然找到我们。

  还有,我们把土壤转化期从 3 年缩短到了 2 年,也减少了对农户收益的影响。一开始搞有机认证的是东北农大的一位博士,她是我们规划组的组长。(2002 年时)她说,"你们未来应该做有机农庄"。她当时在德国和荷兰做访问学者,人家那边就叫有机农庄。2006 年的时候,她就给我们做了认证。她说:"你们那儿比较偏僻,完全具备这种条件,真做下去,以后效益会很大。"

在这个意义上,山南村之所以成为当地生态农业较早起步的村庄,与村里的能人黄书记有直接关系。他靠自己的社会关系,请人给村里做了规划,还联系了收购稻谷的企业,并通过采用新技术缩短了土壤转化期,为山南村生态农业的发展奠定了最初的基础。合作社以创造更高的经济效益作为吸引社员的策略,这一方法非常常见,但也存在一个弱点:生态农产品也会面临市场风险,社员一旦遭遇市场风险的波及,就可能退出。这种以利益诱导社员、动员社员向生态农业转型的方式,为该合作社之后的发展埋下了隐患。

二、对社员的监督

  山南村的生态大米每年都需要进行有机认证,每次认证要花 2 万多元。认证机构通过环境采样,进行化验认证。采样的范围包括：水稻根部的土壤（这里的农药残留最多），稻田里的水，田埂上的草，等等。

对于已经转向生态种植的农户，如何对其进行监督，以确保其在种植、养护过程中不使用化肥，也是合作社面临的一个挑战。同时，合作社对社员的监督还包括对社员在稻谷中"掺假"问题的监管。由于并不是所有山南村村民都转向了生态种植，且同一个农户也不一定在所有土地上都进行生态种植，因此，不能排除一些社员为了获取更高的收益，将成本更低的普通稻谷混在有机稻谷中销售的情况。

合作社出纳冯兴民说，从 2013 年到 2015 年，合作社实行过"三户联盟"的方式以进行监督，即其中一户出问题，另外两户都得负连带责任。在这几年中，也的确发生过稻谷掺假的情况。他说："有一户，他把自家的有机稻谷留了一部分做口粮，再拿亲戚家非有机的谷子掺进去，交给合作社。他就是被他的联盟户给举报了。因为对方的土地面积比他还大，怕被他连累。因为大米是不是有机，我们肉眼也分不清楚，所以只能靠'三户联盟'来互相监督。"这种监督方式还配合着一系列其他的监督流程。例如，在收割的时候，合作社会给社员发专门的包装袋，稻谷装袋后直接从田间运到合作社，以避免社员掺假；入库的时候合作社也会抽检，发现有掺假的就不要了。

2016 年开始，合作社又发展出了新的监督方式，当地称"区长负责制"。具体做法是，在社员的稻谷脱粒时，其所在区区长必须去现场看，区长需要全程跟踪，一直跟到稻谷入库，以确保没有掺假。2017年，合作社进一步完善了区长负责制，计划根据各区交给合作社的稻谷量给区长发放提成，一斤提一分钱，这样区长以后可能就会想办法鼓励农户入社了。

可以看到，合作社的监督也是以经济激励或惩罚的方式进行的。但这种主要依靠外力来监督的方式，成效也是有限的。一方面，这种监督成本很高；另一方面，一旦出现市场风险，从事生态种植的农户就会转回普通种植。

三、生态种植与普通种植的成本收益对比

在山南村，我们与不同农户计算过他们的种植成本和收益，并将生态种植与普通种植进行了对比。山南村的生态种植并非完全不使用农药、肥料，而是使用市场上的有机肥料和杀虫剂，例如生物菌肥、生物杀菌剂等。根据合作社社员的介绍，他们和普通农户的种植成本差异主要在于使用的肥料不同。普通农户使用的是一般的化肥，成本比有机肥低。不同农户给出的数额有所差异，平均计算，每亩的肥料成本差异是200~300元；在杀虫、杀菌方面，当地的普通农户也多选用生物杀菌剂，所以没有明显差异；在除草方面，大部分农户都是人工除草，差异也不大。农户表示，只要把预防工作做好，后期除草也不太费工。在其他环节，两类农户采用的方式基本是一致的。根据一位村民的估算，如果各个环节都通过雇人完成，除土地流转

费之外的成本是1500元/亩。这位村民自己家投入了大量家庭劳动力，所以她家的生产成本是800元/亩。当地的土地流转费比较高，她说："一垧地最贵的时候流转费超过两万（元），一亩地甚至达到过1600元。"

就产量而言，按照不同农户的介绍，每亩有机水稻和非有机水稻的产量相差100~200斤，有机水稻的亩产是1100~1200斤。合作社收购有机稻谷的价格是2.2~2.8元/斤，高于市场价的10%~20%。2016年，合作社的平均收购价是2.2~2.3元/斤。按照2016年的收购价计算，种植普通水稻的毛收入大约是2000元/亩，种植有机水稻的毛收入大约是2300元/亩。在大部分村民看来，种植有机水稻的收益与种植普通水稻的收益相差不大。因此，他们对于是否加入合作社并发展生态种植，主要考量的是稻谷的销售问题，而不是生态种植的成本收益问题。

值得指出的是，在当地"稻花香"水稻品种的种植过程中，人工成本在总成本中占了相当高的比例。在插秧、收割这两个环节，当地主要采用人工作业的方式来完成，这与全国绝大部分水稻种植区采用的机械化作业方式很不一样。当地之所以在这两个环节大量使用人工，主要是因为"稻花香"这个品种具有特殊性，与种植户是否采用生态种植的方式无关。"稻花香"的生长周期较长，达146天，普通水稻的生长周期一般在110~130天。因此，种植"稻花香"就需要抢时间。机械插秧容易伤秧苗，会出现缓苗的情况，导致秧苗生长变慢。如果采用人工插秧，就不需要缓苗，可以节省时间。成熟后"稻花香"不适合机械收割，是因为这一品种的大米易碎，且出米率低（一般只有50%~60%，普通稻谷的出米率通常在70%左右）。如果采用机械收割，会影响最后的出米率。所以即便人工收割成本更高，农户还是更多地选择雇工收割。

由于当地在插秧、收割季节对人力的需求极大，因此在乡镇附近形成了一个劳务市场。在最高峰时，这个劳务市场上有上千人等着雇主来接。这些雇工有的来自当地旱田区，有的来自周边村庄，他们在农闲的时候出来打工。他们有些人住在乡镇的宾馆，为了省钱，往往10个人住一个标准间。在理想情况下，一个雇工每天可以完成2.5亩地的插秧工作，当地插秧的人工费一般是200~300元/亩，这意味着一个工人一天的工资最高可以达到800元。一般情况下，雇工一天的插秧收入是300~400元。不过，他们的工作时间极长，通常是从凌晨3点多到晚上8点多，长达18个小时，雇主通常在中午为他们提供一顿午饭。

一位种了135亩地（其中有75亩水稻）的农户说："（雇工）一人一天能栽2亩多地（秧），栽得宽（指秧苗之间的株距比较宽），我们这里的'稻花香'品种产量高。在插秧的季节，我们凌晨两点多就要起床，去乡里的劳务市场找人。要跟带头的人谈价，看人，大概凌晨4点的时候就把他们带到我家的田里了。一般都是一天就插完，地特别多的人家分两三天插完。先干活，后付钱，我最后就把钱给带头的人，至于他们怎么分就是他们自己的事了。"由于当地已经形成了劳务市场，因此即便采用人工插秧，插秧的效率也不太受影响。这位农户家的70多亩水田也能在一天内完成插秧。

农户如果不赶时间，也可以每天少雇人，用几天时间完成插秧。山南村一位种了90亩地的农户说，2017年插秧时他开车从乡里的劳务市场带回了6个工人，一共用7天时间完成了插秧，插秧价格最高的一亩地花了360元。在收割时，他会根据天气来调节雇工的人数。如果天气不好，就多雇人，在最短时间内收割完。收割成本每亩超过200元。他说："干活的都是30多、40多岁的，现在的年轻人给多少钱都不干（农活）。我们村还有几个60多岁的老太太插秧。插秧的女的多，收割的时候男的多。"

黄书记在谈到人工插秧和收割时，特别提道："现在只有到五常，才能在秋天收割的时候看到（人工）打捆。为什么要人工呢？人工代表着城市看重的安全、自然。我们今天发现'落后'就是卖点，'落后'就是先进。五常的稻田还是像《舌尖上的中国2》（一样），捆、码，都是人工的。这才是时尚，这在市场上才有卖点。另外，'稻花香'是146天的成熟期，我们用人工的好处在于抢时间。机器（收割）会造成损失，用机器烘干稻谷，米饭的香味会消失。用人工的话，营养没有流失,很饱满。"可以看出,黄书记在推动合作社的发展、生态农业的发展中很关注市场销售。他对当地特色的强调,例如将大量使用人工作为"卖点",突出其"传统性",都是为了推动大米的市场销售,希望通过增收来吸引农户加入合作社。不过,从生态农业的严格执行角度来说,合作社社员与普通农户在种植方面的差异并不十分明显。

四、生态大米的加工与销售

如前所述,山南村合作社在最初是以统购统销来吸引社员加入的,但在2013年的危机之后,合作社的销售能力始终没有恢复,因此后来合作社在销售上组织是比较松散的。一方面,合作社仍收购社员的稻谷;另一方面,合作社也鼓励社员自己开拓销售渠道。就农户而言,自销的一般是大米,通过合作社销售的则是稻谷。

现有社员往往是拿一部分土地入社,即跟合作社签订单,自己则销售剩余部分土地的产出。合作社会根据当年的平均出米率,以高于市场价10%的价格收购社员的稻谷。如果当年的平均出米率是60%,出米率就以60%作为基准。对于出米率等于60%的稻谷,合作社会按照高出市场价10%的价格收购;如果达不到,合作社会把收购价降一点;如果出米率超过60%,合作社会在加价10%的基础上一斤再加上2~3分钱。但这个市场价是春节前几天才确定的,而不是按稻谷上市时的价格而定的——在粮食大量上市的时期，粮食价格往往是一年中最低的，到了春节前后，粮食价格会上涨。合作社如此计算价格，也是为了让社员享受更高的市场价格。同时，合作社需要在边收购边销售的过程中收回一些款项，这样才能与农户结算。不过，这就意味着，把粮食卖给合作社的农户不能当场结算，合作社要根据春节前的销售量，到年底时再跟社员结算。如果合作社的销售渠道不畅，春节前可能只能跟社员结算1/3的款。在这种安排下，急需用钱的农户就不愿意跟合作社签订单。

（一）合作社的销售：贴牌生产加自有品牌销售

山南村合作社过去主要为其他企业贴牌生产，因为那时还没打开自己的销售渠道。经过了一些年的探索，现在有一部分是贴牌生产，一部分是用自己的品牌去销售。就合作社自己的品牌来说，黄书记提到，五常市一共有400家米业公司（或合作社），能上某网站销售的只有40家米业公司、6家合作社。山南村合作社注册了自己的品牌，在该网络平台上的销售价格是18元/斤。价格之所以这么高，一是因为这一品牌建立了溯源体系，做溯源二维码检测需要一笔费用；二是合作社的大米是挂靠在平台上的"五常大米旗舰店"销售的，合作社需要给这家旗舰店每斤10元的代销费用。负责销售的黄远程说："在网络平台上的这家店销售是五常市政府推广的，我们做这个是为了响应政府，量也不大。"如今，合作社正在筹划自己做电商，他们已经考察了好几个平台。

除了在电商平台上用自己的品牌销售，合作社还在一些个人订购的订单中使用自己的品牌。这些个人订购的订单量一般都不超过50吨，主要用于单位发福利，以外省的居多。此类订单的销售价格最低是8元/斤，最高是12元/斤。

贴牌生产的部分主要是与一些公司签订订单，为它们定向供货。目前合作社最大的客户是成都尚作公司、上海的大蔬无界集团，还有北京的中国绿色有机公司。这3家企业从合作社购买大米（不是稻谷），合作社为它们贴牌生产。2016年，成都尚作购买了130多吨，上海大蔬无界购买了260多吨，北京的中国绿色有机公司购买了不到80吨。

上海的大蔬无界集团是做素食店的，其从合作社购买大米的价格是6元/斤。与该集团的对接主要由黄书记负责，黄书记与该集团的老总关系非常好，2007年合作社成立的时候双方就开始合作。成都的尚作公司以销售有机食品为主，大米是其中一种。合作社将大米做成米砖销售给尚作，尚作从山南村合作社购买的价格是6.3元/斤，其销售出去的价格是14.25元/斤。尚作从合作社签订的订单从最初的一年30吨，增长到了2018年的一年130吨。北京的中国绿色有机公司也以销售有机食品为主，其每年与山南村合作社的订单量都比较稳定。2013年，该公司从合作社购买大米的价格是6元/斤，到2016年，价格涨到了6.5元/斤。合作社负责销售的黄远程表示："他们销售出去的大米具体价格是多少我们不清楚，但肯定不会低于10元/斤。"此外，还有两家公司主动联系山南村合作社，它们在深圳的一些高档小区做试点。这两家公司在一些小区里安置了自动加工大米的机器，居民可以按照自己需要的大米量，在机器上缴费，当场加工，以使大米保持最佳口感。2016年，这种模式的销售量一共是30~40吨。

（二）农户自销：依靠城市的亲友网络

农户自销的部分，往往是依靠他们在城市工作的亲戚、朋友帮助推销。一位村民说："我家的米都卖到沈阳，我三哥在沈阳。他是卖中药的，接触到的客户比较多，现在人为了健康，想吃点好米。我年年都是卖给他，一年一共3万多斤米。今年扩大了面积，多余的不能卖给三哥，得自己卖点稻谷了。（村里还有）另一家种了七八垧水田，也是卖一半稻子（通过合作社卖），卖一半米。一般只要有亲戚在外面，都比较好卖。卖大米比卖稻子一斤能多出一块钱（出米率在50%以上的时候）。"

农户自销的大米，一般是在合作社的加工厂进行加工的。黄书记提道："当初合作社就是不赚钱。后来，几年之后，发现卖谷子是加不上价的，卖了3年之后上了加工设备。现在就我们合作社有加工设备，其他合作社只能委托加工，我们有自己的生产许可。五常现在不允许发展米业公司，因为加工能力严重过剩，我们当年是第一个以合作社名义拿到加工许可的。

我们的加工厂一天（24小时）可以加工50吨，实际每天大概加工20吨。加工的机器隔几年就要换一批，（2016年）更新设备的费用是80万元。设备更新我们找了合作伙伴出资，我们给他提供大米，还款期是3年，每年还30%~40%。"合作社给社员加工大米不收取加工费（一般市场价是0.15元/斤），社员把糠麸（0.65~0.7元/斤）、碎米（1.2元/斤）交给加工厂，以抵扣加工费用。

除了在自己的加工厂加工，合作社还与一家米业公司合作，在合作社加工能力不足时，请该公司代加工。合作社在2016年改造设备之前，大米加工主要依靠这家公司。这家公司也不收取加工费，合作社把糠麸和碎米交给这家公司。如今合作社仍与这家公司有密切的合作，主要是因为后者有自己的仓储设施。合作社目前还没有建仓储设施的打算，因为仓储不仅要投入资金，还要找场地。

由此可见，自2013年后，合作社逐步弱化了统购统销工作。合作社的主要客户是上述几家公司，但这部分销量累计也不到500吨/年，且与这些公司的订单主要依靠黄书记个人的关系网在维系。尽管近年来合作社的销量有所上升，但合作社的发展在很大程度上依赖于黄书记的个人能力及其奉献精神。不过，由于社员的参与度有限，合作社的凝聚力、组织能力、动员能力都没能得到激发。

综上，从山南村的生态农业实践来看，该合作社主要以有机认证为标准，并通过经济利益来激励农户加入。合作社社员的生态种植与普通种植之间的差异并不十分突出，二者的区别主要在于使用普通化肥还是有机肥。如一位农户所说："市场上不相信有机大米，他认为你的有机不是真正的有机。即使注册了商标，消费者也不一定相信。"通过有机认证的方式来发展生态农业，这类质疑在所难免，这也是所有以此模式发展生态农业的实践者或企业面临的问题。对于山南村合作社而言，这也成为其继续发展下去的瓶颈。

由于山南村的生态农业主要是依托合作社来推动的，合作社的发展困境也成为该村生态农业的发展困境。合作社的运转主要靠几位村干部能人，合作社的主要决策权也集中在少数人手中，这一方面使决策的风险增大，另一方面也排斥了社员的参与。其结果是，社员与合作社只能利益共享，无法风险共担。从结果来看，山南村的合作社并没有很好地发挥动员和组织村民的作用，尽管带头人有共同富裕的理念，却未触及村庄内部的分化问题，加上合作社对经济收益予以过多重视，导致社员的参与度低，合作社的组织能力以及面对风险、困难的韧性未能充分发展起来。